상상을 현실로! 생각을 디자인으로!

김호다 저

TINKERCAD &
3D PRINTING

YD 연두에디션
Edition

저자 약력

김호다
홍익대학교 미술학 박사
전 : 조선대학교 만화 애니메이션학부 초빙객원교수
현: 조선대학교 SW융합교육원 교수

TINKERCAD&
3D PRINTING

상상을 현실로! 생각을 디자인으로!

발행일	2019년 12월 10일 초판 1쇄
지은이	김호다
펴낸이	심규남
기 획	염의섭 · 이정선
표 지 이경은 **ㅣ 본 문** 이경은	
펴낸곳	연두에디션
주 소	경기도 고양시 일산동구 동국로 32 동국대학교 산학협력관 608호
등 록	2015년 12월 15일 (제2015-000242호)
전 화	031-932-9896
팩 스	070-8220-5528
ISBN	979-11-88831-33-3
정 가	24,000원

본 연구는 과학기술정보통신부 및 정보통신기술진흥센터의 SW중심대학지원사업의 연구결과로
수행되었음. (2017-0-00137)

PREFACE

미래의 키워드는 '창의성'이다. '창의성'은 '디자인 사고(Design Thinking)'의 한 부분이며, 어떤 문제를 해결하는 '컴퓨팅 사고(Computational Thinking)'와 많이 닮아있다. 디자인의 사전적 의미가 '그리다'외에 '방법을 고안하다, 설계하다'라는 뜻이 담긴 바와 같이 디자인 사고(Design Thinking)란 우리사회가 직면한 문제를 해결하기 위해서 많은 해결책을 고안하고 시도하는 모든 과정을 디자인이라고 보고 있다. 그리고 디자인 사고(Design Thinking)가 결합된 문제해결 방식은 4차 산업 혁명의 시작에 따라 현재와 다가오는 미래의 경제와 산업을 변화시키고 있다.

이러한 현실에서 학습자는 점점 기술에 노출되고 있으며, 이러한 기술을 소프트웨어가 움직이고 있다.

그렇다면 비전공 학습자는 4차 산업혁명 시대에 상상을 설계하고 디자인하기 위해 무엇을 선택해야 할까?

융합교육 설계 시 중요한 점은 비전공 학습자가 배워야 할 SW교육이 단순히 도구 교육에 치우치기 보다는 알고리즘을 체험해 절차적 사고력, 컴퓨팅 사고력을 기를 수 있도록 관련 활동들을 고안하고 이에 맞는 새로운 수업방식을 제공할 필요가 있다.

더불어 SW교육과 관련지어 다양한 예술체험을 접할 수 있는 융합교육 필요에 따라 비전공 학습자의 참여를 높이고 향상시키는 방향으로 발전된 형태의 융합교육이 설계되고 선행 교과로써 교육되어야 한다.

직업군 또한 융합교육 관련된 것들로 재편되고 있는 현실에서 비 전공 학습자들의 아이디어가 상상으로 그치지 않고 각자 전공 특성에 맞게 창의적인 문제해결 능력, 논리적 사고가 가능한 컴퓨팅 사고와 결합된 창의적 사고를 길러서

4차 산업사회에 대비한 직업적 역량을 교육과정을 통해 강화시킬 수 있어야 한다.

그래서 본 교재는 4차 산업혁명과 관련해 변화하는 학습 환경을 조성하는데 있어서 비전공 학습자로 스스로 '무엇을 할지' 결정하는 연습과, '왜 해야 되는지' 생각할 수 있도록 돕는 역할과 더불어 도구를 다루는 방법을 배우고, 이것을 어떻게 구현할 것인지 고민하면서 학습자 자신이 수업에 능동적으로 참여하고 있다고 느끼게 하는데 있다.

교재의 키워드는 3D모델링을 쉽게 배울 수 있는 '틴커캐드(TinkerCAD)'와 '3D 프린터(3D Printer)'이다.

3D프린터는 인공지능 · 로봇 기술과 함께 4차산업혁명 시대에 핵심 기술로 주목받고 있다. 3D프린팅의 기본원리와 출력 과정을 학습하게 되는 배움의 과정에서 학습자들은 주어진 문제 해결을 위해 어떻게 만들어야 가장 효율적인지, 그리고 우리가 설계한 모델링이 디자인적 의미와 가치를 지닌 물건인지를 고민함으로써 자연스럽게 창의적 사고를 갖게 된다.

3D모델링을 쉽게 배울 수 있는 '틴커캐드(TinkerCAD)는 '3D 디자인' 외에 블록의 기능을 이용해 프로그래밍언어를 비교적 쉽고 재미있게 접근할 수 있는 '코드블록(Codeblock)', '회로 설계(Circuits)'와 같은 방식으로 입력 가능한 기능을 지원하는 프로그램이다.

그 중 교재에서는 '3D 디자인'과 '코드블록(Codeblock)'을 중심으로 4부 6장으로 구성하였다.

1부에서는 4차 산업의 이해와 미래, 2부에서는 SW융합교육을 위한 틴커캐드(Tinkercad)를 활용한 모델링 방법, 3부에서는 코딩의 기본, 4부에서는 3D 모델링 공유하고 3D 프린터로 출력하는 단계로 구성되어 있다.

교재에서 제공된 예제들은 학습자가 흥미를 느낄 수 있도록 상상한 것을 스케치하고 3D 모델링 기본 기능 과정을 거쳐서 3D프린터로 출력되는 과정까지 단계별로 구성하였다. 특히, 틴커캐드의 3D 디자인 기능뿐만 아니라, 코드블록(Codeblock)으로도 동일한 결과를 내도록 하기 위해 코드블록의 기본과 규칙을 활용했다. 코딩은 학습자들이 생각하고, 상상하고 만드는데 도움이 되는 또 다른 도구가 된다. 틴커캐드의 3D 디자인 기능으로도 상상한 것을 만들어 낼 수 있지만, 때로는 기존 도구로는 화면에서 실행할 수 없는 객체가 있다. 코드를 작성하는 능력을 갖게 되면 비전공 학습자들도 다른 방식으로 창조할 수 있으며, 코드블록을 통해 모델링 조정이 필요한 경우 문제해결 능력 향상에 도움이 될 수 있도록 하였다.

마지막으로, 상상하고 그린 스케치를 다양한 재료로 인쇄하는 3D 프린팅 기술과 응용 프로그램을 사용할 수 있는 여러 가지 방법을 살펴봄으로써 기술에 관심이 있고 새로운 것을 창조하려는 학습자들에게 이 교재가 좋은 선택이 될 수 있도록 하는데 힘썼다. 학습자가 자신의 상상을 설계하고 디자인할 수 있는 SW교육이 이뤄질 수 있는 공감대가 크게 형성되길 바라며, 가치 있는 생산과 기분 좋은 생활의 새로운 연결을 시작하기 위해 메이커스 교육이 융합교육에 적극적으로 활용되기를 기대한다.

저자

CONTENTS

PART **1**   상상을 현실로

CHAPTER **1** ● **4차 산업혁명과 SW교육**   003

    1.1   4차 산업혁명과 3D프린팅   004

    1.2   3D프린팅의 이해와 메이커 교육   005

    1.3   3D프린팅의 기본 원리와 출력 프로세스   007

    1.4   3D프린팅의 주요 기술 방식과 소재종류   009

    1.5   3D프린터의 현재 활용 예와 미래 전망   013

PART **2**   틴커캐드의 3D 디자인

CHAPTER **2** ● **틴커캐드(TinkerCAD) 기본**   017

    2.1   틴커캐드 가입과 시작   018

    2.2   틴커캐드 인터페이스   020

    2.3   3D 디자인 기본 기능 익히기   027

CHAPTER **3** ● **3D 디자인 응용**   043

    3.1   이니셜 키링 디자인   044

    3.2   스마일 스탬프 디자인   051

    3.3   그림파일로 모델링하기_스탬프 디자인   065

    3.4   캐릭터 키링 디자인   068

3.5   하트박스 디자인   079

3.6   꽃 화분 디자인   088

3.7   꽃병 디자인   106

3.8   앵그리버드 달걀 스탠드 디자인   111

3.9   연필 꽂이 디자인1   126

3.10 연필 꽂이 디자인2   135

3.11 눈사람 램프 디자인   142

3.12 비누케이스 디자인   152

3.13 에펠타워 디자인   165

3.14 벽 시계 디자인   175

3.15 곰돌이 핸드폰 거치대 디자인   185

3.16 오리 메모꽂이 디자인   206

3.17 아이디어 스케치 작성하기(3D View)   223

PART 3   틴커캐드의 코드블록

CHAPTER 4 ● 코드블록 기본   227

4.1   코드블록 시작하기   228

4.2   코드블록 인터페이스   231

4.3   코드블록 기본기능 익히기   236

4.4   항목별 코드블록 기능 개요   255

CHAPTER **5** • **코드블록 응용**   263

   5.1   네임 플레이트 디자인   264

   5.2   컵 코스타 디자인   267

   5.3   테이블 디자인   271

   5.4   로켓 디자인   274

   5.5   크리스마스 트리 디자인   279

   5.6   스타 티라이트 홀더 디자인   284

PART **4** • 모델링 공유하고 3D 프린터로 출력

CHAPTER **6** • **3D프린터 작동 방법**   293

   6.1   모델링 공유/3D 프린터로 출력   294

   6.2   슬라이싱 프로그램 종류와 설치_Cura/3DWOX/Cubicreator   298

   6.3   출력(인쇄)시 오류 관련 설명   318

INDEX   323

PART

1

상상을
현실로

1 CHAPTER

4차 산업혁명과 SW교육

1.1   4차 산업혁명과 3D프린팅

1.2   3D프린팅의 이해와 메이커 교육

1.3   3D프린팅의 기본 원리와 출력 프로세스

1.4   3D프린팅의 주요 기술 방식과 소재(인쇄재료)

1.5   3D프린터의 현재 활용 예와 미래 전망

1.1 | 4차 산업혁명과 3D프린팅

인더스트리(Industry) 4.0은, 유럽 최고의 경제부국이자 주요 선진국 가운데 제조업 비중이 가장 높은 것으로 알려진 독일이 2009년 경제 위기를 겪으면서 제조업의 중요성을 다시한번 깨닫고 제조업 강국 유지를 위한 대책으로 찾은 묘책이다. 자국 제조업이 직면한 문제를 정보통신기술(ICT)를 접목하여 대응하고자 향후 제조업 주도권을 지속하기 위해 구상한 차세대 산업혁명을 지칭하며, ICT와 제조업의 융합을 통한 경쟁력 유지가 핵심이다. 또한 독일은 주요 제조정책 중의 하나로 핵심기술을 지닌 생산기지를 반드시 자국 내에 둔다는 정책으로 중국이나 동남아등 신흥 제조국가들의 저렴한 인건비나 생산체제 등과의 경쟁에서 우위를 점할 수 있는 전략을 찾으려 노력하면서 ICT와 제조업의 융합으로 인더스트리 4.0을 탄생시켰다.

일례로 독일의 아디다스가 1993년 해외로 생산기지를 옮긴지 23년 만인 지난 2016년 9월 자국으로 컴백하여 스마트 공장을 구축한 것을 들 수 있다. 정보기술과 로봇등을 활용해 개인 맞춤형 신발을 제조하는 이 공장은 2017년 본격적으로 가동되며 독일 정부가 야심차게 추진하는 4차 산업혁명인 '플랫폼 인더스트리 4.0'의 한 사례이다. 스마트 팩토리가 독일 내 제조업에 도움이 될 수 있지만, 관련 일자리가 없어지거나 줄어들 수 있다는 우려때문에 이를 불식시키고자 관련 인력 교육 프로그램을 추진하고 있다.

세계적으로 4차 산업혁명(Fourth Industrial Revolution) 시대를 맞이하여 기존의 유망한 일자리가 줄어들거나 없어지면서 드론 운용사, 3D 프린터 운용사, 핀테크 전문가 등 지금까지는 없었던 새로운 일자리가 생겨나는 등 사회 전반에 걸쳐 많은 변화가 매우 빠른 속도로 현실화되고 있다. 4차 산업혁명의 주요 키워드로 스마트 팩토리, 사물 인터넷(IoT), 인공지능(AI), 가상현실(VR), 빅데이터(Big Data), 3D 프린팅, 드론, 로봇, 자율주행차등이 언급되고 있으며 이러한 키워드들은 정보통신기술(ICT)과의 융합으로 기존에 없었던 새로운 가치를 창출해내며 보다 빠르게 우리의 일상 속으로 파고 들고 있다.

4차 산업혁명의 주요 특징 중 하나는 초연결성과 초지능성으로, 우리가 영화 속에서 먼 미래에 생길 일로 예측했던 인간의 지능을 훨씬 뛰어넘는 지능형 로봇과 사물들이 컴퓨터와 소프트웨어 등의 비약적인 발전을 통해 모든 것이 스마트폰으로 연결되어 가는 시대로 접어들고 있다. 그 중에서도 3D 프린팅 기술은 점점 정밀화되고 고속화, 다양화, 대형화, 맞춤화되어 가면서 사용 가능한 소재가 거의 무한대로 발전해 감에 따라 미래 산업에 커다란 혁신과 기여를 할 것이라고 생각된다.

개인 맞춤형 생산은 표준화된 제품의 대량생산 방식 이후 추진되고 있는 대량 맞춤화(mass customization)의 다음 단계로서, 대량 맞춤화는 사전에 개발된 모듈을 조합하여 다양한 유형의 제품을 대량 생산하는 반면, 개인 맞춤형 생산은 개인이 제안하고 요구하는 개별 디자인까지 수용할 수 있게 되는데 이때 3D 프린팅 기술이 주요한 역할을 하게 될 것이다.

그림 1.1 3D프린팅 의수

그림 1.2 3D프린팅으로 완성된 아디다스 러너

1.2 | 3D프린팅의 이해와 메이커 교육

1980년대 초반 일본과 미국에서 발명된 신속조형(RP, Rapid Prototyping)기술은 관련 소재 및 기술의 발전과 1인 제조업 시대를 여는 메이커스 운동(Makers Movement)의 전 세계적인 확산과 더불어 점차 대중화되어가고 있는 추세이며 오늘날 '3D 프린팅' 이란 적층 제조 공법으로 진화해가며 개인 맞춤형 다품종 소량 생산 시대를 활짝 열어가고 있다.

3D 프린팅이란 3차원 CAD 소프트웨어를 이용하여 모델링한 데이터를 3D 프린터 출력용 파일 형식으로 변환한 후 슬라이서라고 부르는 소프트웨어를 사

용하여 G-Code를 생성한 후 디지털 장비에 입력시켜 제작하는 것으로 입체 조형물을 만들어 내는 '적층제조' 방식을 말한다.

여기서 '적층제조' 방식이란 정식 명칭으로 Additive Layer Manufacturing (ALM)이라고 하며, 한층 한층 레이어(Layer)를 추가하면서 쌓아올리는 제조 방법이다.

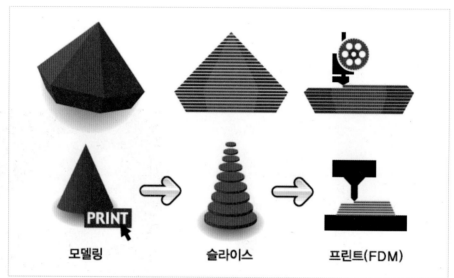

그림 1.3
3D프린팅의
기본개념

모델링   슬라이스   프린트(FDM)

특히 일반인들에게도 널리 알려진 FDM(Fused Deposition Modeling) 기술 관련 특허의 만료와 더불어 공유와 개방의 요람인 랩렙(RepRap)프로젝트 등을 통해 FFF 3D프린팅 기술이 널리 알려지게 됨에 따라 지금과 같이 보편화되었으며, 그럼으로써 개인들도 접근하기 용이한 디지털 장비로 발전하는데 큰 역할을 하게 되었다.

이처럼 기존의 제조업 진입장벽이 낮아짐에 따라 기업이 아닌 개인들도 디지털 장비를 갖추고 자신의 아이디어를 실현하며, 또한 개인 맞춤형 소량 생산 방식이 가능해지게 됨에 따라 제조업의 혁신을 가져오는데 있어 3D 프린팅 기술은 필수적인 요소라고 보여진다.

4차 산업혁명시대에 필요한 대학교육은 학생들이 스스로 생각하고 상상한 아이디어를 디지털기기와 다양한 도구들을 활용하여 직접 제작해 보면서 그 과정에서 체험하고 습득한 경험과 지식을 발표하고 타인과 공유해가도록 이끌어 주는 실무 과정 중심의 교육 프로젝트로 발전해야 할 것이고, 이는 창의적인 문제해결 능력과 변화하는 세상에 필요한 인재를 길러내기 위한 교육의 새로운 패러다임이라 할 수 있으므로 주목할 필요가 있다.

최근에 일컬어지는 '창의 메이커스'는 자신의 아이디어를 구현하여 무엇인가를 창조해 내는 사람들을 의미하며 엔지니어, 발명가, 디자이너, 공예가 등 기존의 직업 카테고리에 얽매이지 않으면서 관심 있는 누구나가 상상 속의 생각을 디지털 모델화하고 기존의 정보기술을 결합하여 혁신적인 제품을 만들어가는 사람이다.

최근 이런 메이커 교육 현상이 사람들의 관심을 집중적으로 받게 된 중심에는 3D 프린터라고 하는 디지털 장비가 큰 역할을 해왔으며, 앞으로도 3D프린팅은 선택이 아닌 필수인 시대가 도래 할 것이다.

1.3 | 3D프린팅의 기본 원리와 출력 프로세스

3D프린팅의 기본 출력 원리는 조형 방식에 따라 차이가 있지만 디지털화된 3차원 제품 디자인 파일을 출력용 파일로 변환하고 모델의 2차원 단면을 연속적으로 재구성하여 한 층씩 인쇄하면서 적층하는 개념의 제조 방식으로, 3D 프린터로 출력하기 위해서는 우선 모델링 파일이 필요하다. 이 모델링 파일을 3D프린터에서 제공하는 전용 슬라이싱 소프트웨어에서 G-Code로 변환한 후 프린터에서 출력을 실행하면 원하는 모델을 얻을 수 있는 것이 기본적인 원리라고 할 수 있다.

① 3D CAD에서 모델링 작업 또는 3D 스캐너로 스캔하여 데이터 생성

② 생성한 데이터를 STL 파일등의 형식의 포맷으로 변환

③ 변환된 STL 파일의 오류 체크

④ 슬라이서(Slicer)에서 STL 파일을 G-Code로 변환

⑤ G-Code 데이터를 3D 프린터에 입력하여 출력 실행

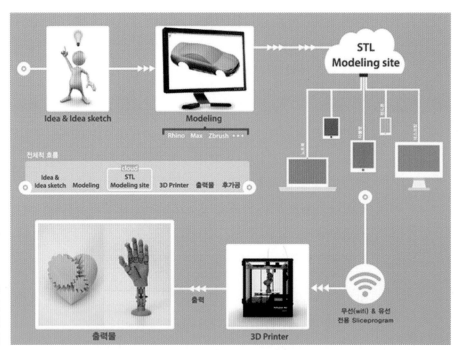

그림 1.4
일반적인
3D프린터의
출력 과정

3D모델링 소프트웨어에서 작성한 모델링 파일은 소프트웨어에 따라 다양한 파일 형식으로 저장할 수 있다. 대부분의 소프트웨어는 각자 고유의 파일 포맷을 사용하고 있는데 3D프린팅을 위한 'STL'파일은 현재 많은 3차원 CAD프로그램에서 지원하고 있다. 3D 모델에 대한 정보를 저장하는 'STL'파일 형식은

그림 1.5
Autodesk
Netfabb 예시

색상, 질감, 또는 모델 특성을 제외한 3차원 객체의 표면 형상만을 나타내는 것으로 3D프린팅에서 가장 널리 사용되는 표준 파일 형식이다.

STL 파일을 생성하는 방법은 의외로 간단한데 대부분의 3차원 CAD프로그램에서 STL 파일 생성을 지원하고 있으며, 모델링 파일을 내보내기(Export) 로 하여 STL 파일로 간단히 저장하면 된다. 그 후에 변환한 'STL'파일에 오류가 있는지 오류 검출 복구프로그램을 이용하여 파일의 오류를 복구하기도 한다. 'STL'파일을 편집하고 오류를 수정 및 복구할 수 있는 FREE 소프트웨어로는 Autodesk의 Netfabb, Meshmixer,Blender, 3D Slash등이 있다.

1.4 | 3D프린팅의 주요 기술 방식과 소재종류

3D프린팅의 기술방식은 주로 FDM 기술방식을 기반으로 한 FFF 방식, 광경화성 수지를 사용하는 DLP, SLA 방식, 금속분말 소재를 사용하는 SLS 방식을 볼 수 있다. 다시 말해서 고체 기반, 액상 기반, 분말 기반의 소재를 사용하는 대표적인 3D프린팅 기술방식에 대해 다음과 같이 살펴보도록 한다.

01 FFF 방식(고체 기반의 소재를 사용하는 3D프린팅 기술 방식)

FDM/FFF 방식은 딱딱한 고체 상태의 필라멘트를 가는 철사줄(보통 직경 1.75mm)을 동그랗게 말아놓은 것과 같은 형태의 재료(보통 PLA 및 ABS)를 스테핑 모터로 구동하는 피더(feeder)로 공급하고 가열된 압출기(Extruder)를

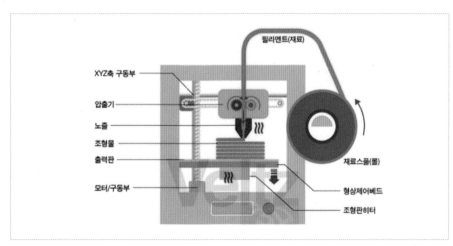

그림 1.6
FDM 기술
방식의 개념

통해 핫 앤드 노즐에서 녹여서 자동으로 압출하여 한 층씩 적층하며 반복적으로 쌓아올리는 방식이다.

압출기 노즐에서 나온 재료는 적층하는 순간 냉각팬에 의해 경화시키는데 한 층이 완료되면 모델 조형판(베드 또는 빌드 플랫폼)은 설정 값에 따라 한 층의 두께(레이어)만큼(0.1~0.3mm 정도) Z축이 하강하고 다시 프린터 헤드는 X, Y축으로 정해진 경로에 따라 이동해가며 한 층을 쌓아가는 방식으로 이 과정을 반복해가며 쌓아 올려 출력물을 완성한다. 소재가 되는 열가소성 플라스틱 필라멘트는 주로 PLA나 ABS, TPU 계열의 재료로 만들어지며 보통 직경 1.75mm 정도의 얇은 와이어 형태이다. 이 필라멘트들은 색상이 다양하고 소재 재료도 다양하다.

앞서 설명한바와 같이 3D프린팅에 사용되는 소재의 종류는 굉장히 다양하지만, 3D프린터마다 사용할 수 있는 소재의 종류가 각각 다르기 때문에, 전용 소재가 있는 장비의 경우에는 전용 소재를 사용하고, 전용 소재가 없는 장비의 경우 사용 가능한 소재를 확인하여 적합한 소재를 확인해 사용한다.

고체 기반의 재료를 사용하는 경우 재료의 특성, 그리고 적용온도를 다음과 같이 살펴보도록 한다.

형태	종류	특성	적용온도
고체	PLA	옥수수전분등과 같은 식물성 재료로 만들어 비교적 친환경적인 소재로 냄새가 없고, **ABS에 비해 수축·갈라짐· 휨 현상**이 적다. 하지만 표면 가공이 어렵고, 온도와 습도에 취약해 변형될 수 있다.	180~230℃
	ABS	PLA에 비해 비교적 강도가 높고, 열에 잘 견디며, 후가공이 쉬운 편이다. 하지만 냄새가 심하며 수축현상이 심하지만 후가공시 샌딩과 채색이 용이한다.	220~250℃
	TPU	**플렉시블한 필라멘트로 플라스틱 필라멘트보다 낮은 온도에서 출력되며**, 열가소성 폴리우레탄 탄성체 소재로 내마모성이 우수한 고무와 플라스틱의 특징을 고루 갖추고 있어 탄성과 투과성이 우수하며 마모에 강하다. 탄성이 뛰어나 휘어짐이 필요한 부품 제작과 **메디컬 기기· 핸드폰케이스· 신발 등의 출력**에 주로 사용되나 가격이 비싼 편이다.	210~230℃

형태	종류	특성	적용온도
	PC	PC 소재는 열가소성 플라스틱 소재로 전기 절연성, 치수 안정성이 좋고 일시적인 충격에 한하여 내충격도 뛰어난 편이라 전기 부품 제작에 많이 사용된다. 출력시 발생하는 냄새를 맡을 경우 해롭기 때문에 출력시 실내 환기는 필수적이며, 인쇄 속도에 따라 압출 온도 설정을 다르게 해야하므로 사용이 다소 까다롭다.	250~305℃
	HIPS	ABS와 PLA 중간 정도의 강도를 지니는 소재로 신장률이 뛰어나서 출력시 잘 끊어지지않고 적층이 잘되며, 소재 고유의 접착성을 가지고 있어 조형판에 접착이 우수하다.	215~250℃

기본 재료 외에 투명도가 높고 단열성이 강한 PETG, 강도에 따라 HIPS·PC·NYLON·CARBON 필라멘트등이 있다. 또 PLA에 다양한 성분을 넣어 만든 WOOD·MARBLE·GLASS·SILK 필라멘트 등이 있다.

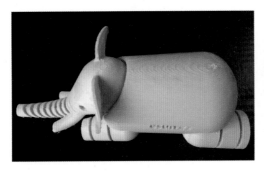
그림 1.7 WOOD 소재 출력물

그림 1.8 TPU 소재 출력물

02 DLP/SLA 방식(액상 기반의 소재를 사용하는 3D프린팅 기술 방식)

SLA는 액상 기반의 광경화성 수지(레진, Resin)에 레이저를 쏘게 되면 경화되는 방식이며, DLP는 모델링 데이터의 단면을 프로젝트의 광원을 이용해 수지를 경화시키는 방식이다. SLA나 DLP 방식은 연성이 있는 수지를 재료로 사용할 수 있어 치과 기공물이나 임시 보철물 등 인체에 직접 접촉되는 구조물을 제작에 적합하며 쥬얼리, 보청기, 피규어 등의 분야에서 주로 사용되며 FDM/FFF 방식보다 정밀도가 높은 결과물을 얻을 수 있는 기술 방식이다.

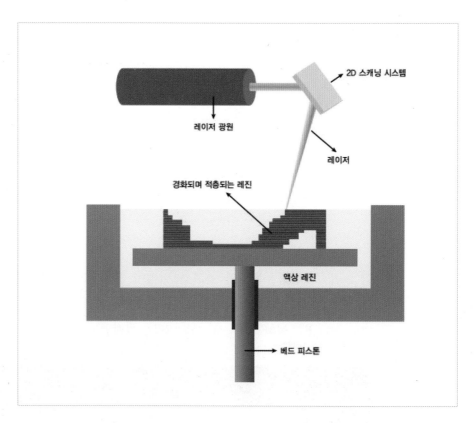

그림 1.9 SLA 기술방식의 개념

03 SLS 방식(분말 기반의 소재를 사용하는 3D프린팅 기술 방식)

흔히 선택적 레이저 소결 조형 방식이라고 하며 레이저 빔으로 분말(파우더,Power) 상태의 소재를 포함한 플라스틱, 유리, 모래, 금속(알루미늄, 티타늄, 스테인리스 등)등의 소재를 녹여 형상을 조형하는 방식을 말하며 파트는 가장 밑바닥 부분부터 레이어 적층이 이루어지고 이러한 작업은 파트가 완성될 때까지 계속 진행되는 방식을 말한다. 출력 완료시 분말 가루 속에서 결과물을 꺼내는데 이 프린팅 방식은 재료를 레이저나 접착제를 사용해 결합시키는 열이나 빛으로 분말이나 빛에 민감한 광경화성 수지를 사용해 굳히는 대표적인 방식이다.

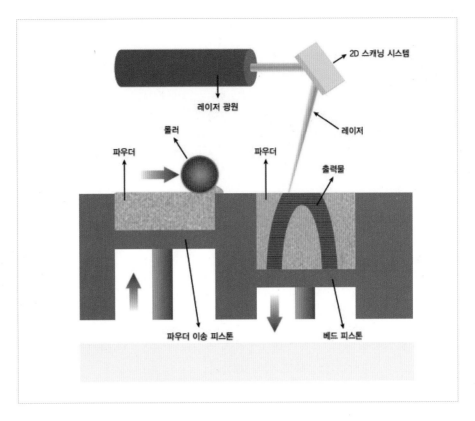

그림 1.10 SLS 기술방식의 개념

1.5 | 3D프린터의 현재 활용 예와 미래 전망

2014년 기준 당시 미래부의 자료에 따르면, 한국의 3D 프린팅 시장 규모는 약 760억원 수준으로 특히 하드웨어(프린터)의 국내업체 시장 점유율은 10%에 불과하며, 주류인 분말 방식(SLS)의 기술 수준이 많이 부족한 것으로 평가되었으나, 최근 미래부는 2020년까지 최소 5개의 3D 프린팅 글로벌 선도기업을 양성하고, 1.7%에 불과한 시장점유율을 15%까지 끌어올리겠다는 방침을 정했다.

컴퓨터 디자인 프로그램으로 만든 3차원 도면을 바탕으로 실물의 입체 모양 그대로 찍어내는 3D 프린터는, 어떤 제품 아이디어든 설계도만 있으면 플라스틱은 물론 고무·금속·세라믹 등 150여개 소재로 한 시간에서 하루 안에 실물로 만들 수 있다. 개발 초기에 플라스틱에 국한됐던 소재는 최근 들어 나일론, 금속, 도자기 등 더욱 단단한 재료를 사용할 수 있는 방향으로 기술이 발전하고 있으며, 산업용 샘플을 찍어내는 데 불과했던 출력 부품도 시계·신발·휴대전화 케이스·자동차 부속품 비롯해 집까지 만들어내는 단계로 접어들고 있다.

실제로 브랜드 샤넬과 아디다스는 3D 프린터로 옷과 신발을 만들어 보이기도 했고, 델타 WASP(Delta WASP)라고해서 점토나 진흙 등 지속 가능한 자재를 쌓아서 실제 집을 지을 수 있는 거대한 3D 프린터도 있다고 한다.

의학적으로는, 치과보철물도 만들고 뼈 모양으로 만들어 재건수술을 하는데도 이용 가능할 정도로 의학계에는 3D프린팅 연구가 활발하다고 한다.

유럽항공방위산업체(EADS)는 3D 프린터를 이용하여 자전거를 조립 단계를 거치지 않은 완성품으로 인쇄한 바 있으며, 영국의 사우샘프턴대학에서는 시속 160㎞로 비행하는 무인비행기를 제작한 바 가있고 의료계에서는 환자에게 딱 맞는 인공관절이나 인공장기를 만드는 등 정밀도가 필요한 분야에 3D 프린터를 활용하고 있다고 한다.

틴커캐드의
3D 디자인

2 CHAPTER

틴커캐드(TinkerCAD) 기본

2.1   틴커캐드 가입과 시작

2.2   틴커캐드의 인터페이스

2.3   3D 디자인 기본 기능 익히기

2.4   아이디어 스케치 작성하기

2.1 | 틴커캐드 가입과 시작

오토데스크(Autodesk)에서 제공되는 틴커 캐드(Tinkercad)는 다음의 주소 "http://tinkercad.com" 로 접속하여 사용할 수 있다. 틴커캐드는 온라인으로 지원하고 있으며, 학습자는 브라우저 구글 크롬을 실행시켜 사용할 예정이므로 틴커캐드에 가입하여 아이디를 만들고 로그인하여 사용하도록 한다. 언어 변환은 화면 하단의 오른쪽에서 English → 한국어로 변환시킬 수 있다.

그림 2.1
틴커캐드
웹사이트
메인화면

우선 틴커캐드 웹사이트를 방문하면 다음과 같은 화면이 나타난다. 화면 우측 상단의 SIGN UP 버튼을 클릭하면, 다음과 같은 가입 화면이 나타난다. 안내에 따라 차례대로 1단계 – 국가, 생년월일, 2단계 – 이메일 주소, 3단계 – 사용자 이름(아이디), 패스워드를 입력 순으로 진행되며 마지막으로 '계정 작성'을 클릭한다.

화면 좌측상단에 위치한 틴커캐드 아이콘을 클릭하면 대쉬보드 화면으로 전환되고, 대쉬보드는 '내 정보 창'으로써 사용자 상태와 작업내역이 보여진다. 틴커캐드 웹페이지 좌측 상단의 '로그인'을 클릭하여 가입 단계에서 입력했던 사용자 이름과 비밀번호를 입력하고 로그인 한다. 로그인 후 개인정보 변경이 필요한 경우는 대쉬보드에서 [프로파일 편집]을 통해 사용자의 사진이나 이메일, 개인정보 등을 변경할 수 있다.

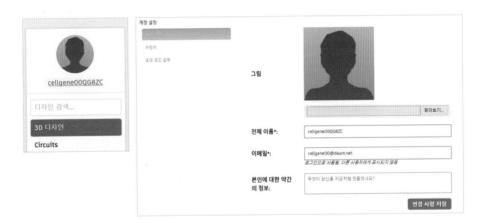

틴커캐드(TinkerCAD)의 좌측 영역을 보면 다음의 그림과 같이 3가지 기능을 지원하고 있다. '3D 디자인(설계)' 외에 블록의 기능을 이용해 프로그래밍언어를 비교적 쉽게 접근할 수 있는 '코드블록(Codeblock)', '회로 설계(Circuits)'와 같은 방식으로 입력 가능한 기능들이다. 본 교재는 그 중 틴커캐드(TinkerCAD) 기본이 되는 '3D 디자인(설계)'을 먼저 설명한다.

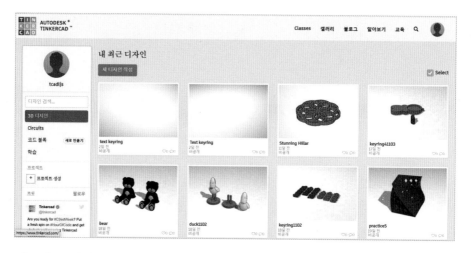

기존의 모델링 작업 파일을 수정하기 위해서는 해당 모델링 작업화면을 클릭한 후【이 항목 편집】을 클릭하거나, 모델링 작업을 새롭게 시작할 때는 파란색 버튼인 '새 디자인 작성'을 클릭하여 모델링 작업을 시작한다.

2.2 | 틴커캐드 인터페이스

▣ 인터페이스

틴커캐드의 새 디자인 작성(Creat new design)을 클릭하면 다음 화면과 같이 3D 디자인 인터페이스가 나타나며, 각 영역들은 메뉴와 관련된 기능을 제공한다.

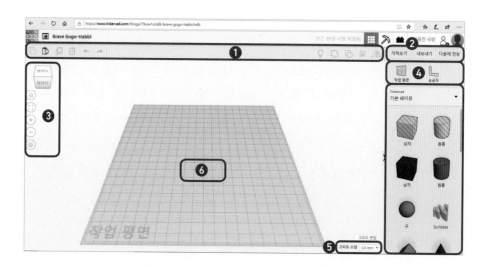

01 기능메뉴

도형복사, 복사한 도형 붙여넣기, 동일한 도형을 연속적으로 복제하여 일정한 패턴으로 만들기, 도형삭제, 명령취소, 명령복구, 그룹, 그룹해제, 정렬, 대칭 등 3차원 도형의 편집명령어를 모은 메뉴이다.

02 프로그램 메뉴

파일 가져오기(Import), 내보내기(Export), 다음에 전송(Share) 등 파일 관련 작업 명령어이다.

03 화면 표시 메뉴

작업평면(Grid, Workplan)에서 모델링할 때 화면의 시점을 변화시키는 메뉴이다. 뷰 큐브, 홈, Fit(맞춤), 확대축소(Zoom in, Zoom out), 투영법 변경 (Perspective-원근법, Orthographic-정투영법)관련 명령어이다.

04 도형 메뉴

틴커캐드에서 기본적으로 제공되는 3차원 도형들이 모여있다. 기본도형, 문자나 기호등의 하위 메뉴를 통해 원하는 도형을 선택 후 사용한다.

05 Grid 편집메뉴

그리드 편집(Edit Grid)에서는 작업 평면에서 사용할 단위(인치, 미리미터)와 작업평면(모델링영역)을 변경할 수 있으며, 그리드 스냅(Grid snap)에서는 그리드 설정 값에 따라 마우스를 이용한 도형의 크기 및 회전, 이동 단위가 달라진다.(최소 0.1mm에서 최대 5.0까지 그리드 값 조정이 가능하다.)

06 작업 평면 or 모델링영역

도형중 원하는 도형을 선택해서 가져와 모델링 하는 작업 공간이다.

🔲 마우스 컨트롤(Mouse Controls)

- **3차원 도형 선택**: 3차원 도형 중 원하는 도형을 선택하고 작업평면으로 드래그 할 수 있다.

Scroll the wheel

- **화면 시점 평행 이동**: 마우스 휠을 누른 상태에서 좌우로 드래그 하면 작업평면(Grid)이 평행 이동된다.

Press and Mouse drag

- **화면 회전 및 도면 회전**: 화면의 시점을 자유롭게 변경하기 위해서는 마우스 오른쪽 버튼을 누른 상태에서 좌우로 드래그하게 되면 화면이 회전하면서 시점이 변경된다.

Press and Mouse drag

- **화면 확대 및 축소**: 3차원 도형 중 원하는 도형을 확대 축소하기 위해서는 마우스 휠을 위, 아래로 회전시킨다.

Press and Mouse drag

🔲 화면 컨트롤(View Controls)

3차원 도형 선택+F   또는   **선택한 쉐이프에 뷰 맞춤** F

- **화면 맞춤**: 여러 개의 3차원 도형 중 원하는 도형을 화면 중앙에 나타내기 위해서는 도형을 선택한 후 F를 선택하거나, 화면 표시메뉴 모든 뷰에 맞춤/ 선택한 쉐이프의 뷰 맞춤(Fit all in view) 을 선택한다.

- **뷰 박스**: 작업평면(Grid)에서 보여지는 화면(평면도,좌측면도, 우측면도,정면도,배면도,밑면도)으로 조정할 수 있다. 모델링 작업시에도 보여지는 화면을 아래 그림과 같이 뷰 박스를 통해서 조정할 수 있다.

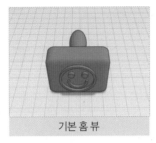

| 기본 홈 뷰 | 평면도 | 밑면도 |

| 배면도 | 좌측면도 | 정면도 | 정면도 |

홈 뷰 모델링 작업을 할 때 기준 화면으로써, 작업 평면을 한눈에 보여주며, 특히 모델링 작업 중 화면의 시점을 찾지 못했을 경우 홈뷰 버튼을 눌러 기준 화면으로 되돌아 올수 있다.

평면 뷰(직교)로 전환 투시뷰/평면뷰(직교모드)을 변경시키는 아이콘으로, 투시뷰는 거리에 따라 물체의 크기, 선의 길이가 다르게 보인다. 반면에 평면뷰(직교모드)는 거리에 상관없이 같은 길이의 선은 같은 길이로 표현하는 방법

▣ 스냅(Snap Grid)

틴커캐드에서 도형(Shape) 이동은 마우스로 드래그 또는 키보드의 방향키로 이동한다. 이동의 상황에서 방향키나 마우스로 드래그 해 한 칸씩 이동이 필요한 경우는 Snap Grid를 통해 이동되는 간격(값)을 조정한다.

 Snap Grid 위치는 아래 그림과 같이 틴커캐드 화면 하단에 위치하고 있다.

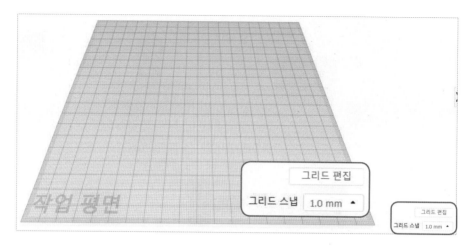

스냅 그리드(Snap Grid)를 통해 도형의 이동변화를 손쉽게 할 수 있도록 1.0mm 기본간격을 기준으로 최대 5mm 간격까지 설정해 이동할 수 있다. 또한 방향키를 통한 도형 이동을 하지 않는 경우는 '끄기'를 선택한다.

◻ 도형 이동

도형메뉴의 기본도형 중 가져올 도형을 마우스로 드래그해 작업평면(Grid)에 놓고 사용한다. 작업평면에 위치한 도형을 이동할 때는 마우스 왼쪽 버튼으로 누른 상태에서 드래그하여 원하는 위치로 이동시킨다.

■ 마우스 왼쪽 버튼으로 드래그하여 원하는 위치로 이동

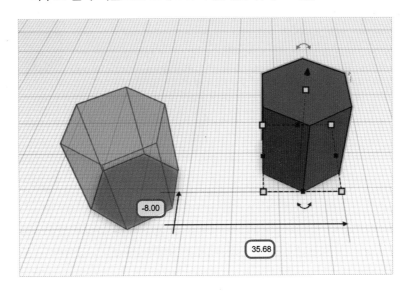

작업 평면에 위치한 도형은 이동범위를 직접 입력하여 정밀하게 이동시킬 수 있는데, 아래 그림과 같이 Z축 방향으로 도형을 이동할 때는 검은색 화살표를 누른 상태에서 마우스를 드래그 한다.

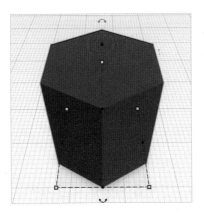 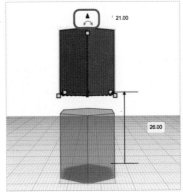

TIP 마우스로 도형을 클릭하여 드래그하는 상태에서 Shift 키를 함께 누르면, 도형을 수평 또는 수직 이동시킬 수 있다.

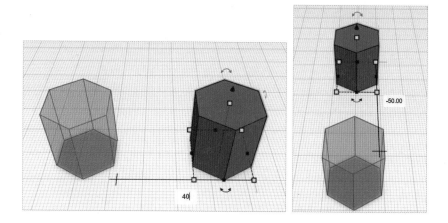

키보드의 방향키를 눌러서 선택한 도형을 아래그림과 같이 이동시킬 수 있다.
이때, Z축 방향으로 도형을 이동시키기 위해서는 Ctrl키와 함께 상하 방향키를
누른다.

선택된 객체 Y축 따라 이동

선택된 객체 −Y축 따라 이동

선택된 객체 X축 따라 이동

선택된 객체 −X축 따라 이동

3D 도형이 공중에 떠 있는 경우 물체를 선택한 후, 키보드 'D'를 누르면 작업
평면(Grid) 바닥면으로 위치가 조정된다. 이때 Z축값은 '0'이 된다.

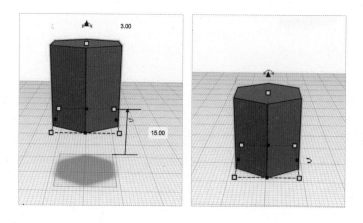

3D 디자인 기본 기능 익히기

▣ 도형 크기 변경

도형의 크기를 변경시키는 방법에는 도형의 크기를 마우스로 이용해 변경하는 방법과 도형의 크기를 숫자로 입력해 변경할 수 있는 방법이 있다.

먼저, 도형의 크기를 마우스로 이용해 변경하는 방법에는 도형을 마우스로 선택시 하단의 모서리에 생기는 하얀 점과 하단의 각 변에 생기는 검은 점을 마우스로 드래그 하여 도형의 크기를 변경할 수 있다.

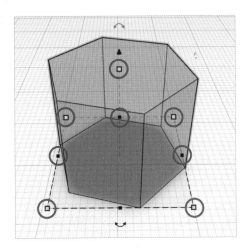

❶ 아래 그림과 같이 도형을 선택했을 때 생기는 검은 색 사각 점을 마우스로 드래그하면 드래그 한 방향으로 선택한 변의 길이가 조절된다.

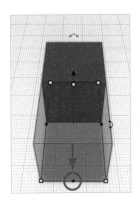 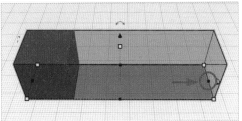

❷ 3D 도형의 가로 길이와 세로 길이 조정을 원할 때는 도형을 선택한 후, 하단의 각 모서리에 생기는 하얀 색 사각 점을 클릭한 상태에서 마우스를 드래그 해 조정하도록 한다.

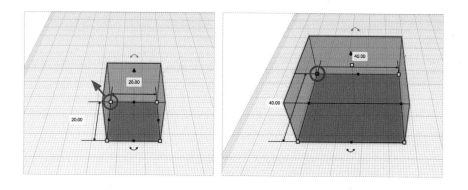

❸ 도형의 각 축(X,Y,Z)의 길이를 같은 비율로 변경할 때는, Shift 키를 누른상태에서 조정하도록 한다.

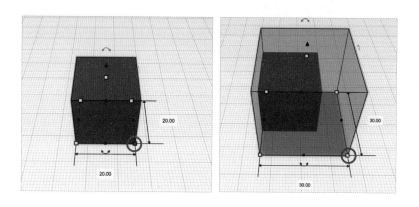

❹ 또한, Alt 키를 누른 상태에서 3D 도형 모서리의 하얀점 또는 검은 점을 드래그 하면, 도형의 중앙위치가 고정된 상태에서 크기 변경을 쉽게 할 수 있다.

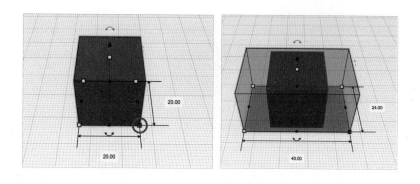

❺ 선택한 도형의 중앙 위치가 고정된 상태에서 X,Y,Z 축의 길이를 같은 비율로 변경할 때는 Shift 키와 Alt 키를 동시에 누른 상태에서 도형의 크기를 변경한다.

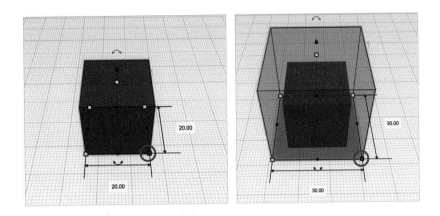

또한, 경우에 따라서는 정확한 치수 입력을 통해 도형의 크기를 변경시킬 수도 있다. 도형을 선택한 후 하단의 각 모서리에 있는 하얀색 점을 클릭해서 현재 도형 크기의 가로와 세로 값 확인이 가능하다. 더불어 변의 크기를 나타내는 숫자를 마우스로 클릭한 후 원하는 치수를 입력해서 크기 변경도 가능하다.

도형의 높이를 변경하기 위해서는 【Z축】의 도형의 윗면에 있는 하얀색 점을 선택한 후 숫자를 클릭하여 원하는 치수를 입력하여 크기를 변경한다.

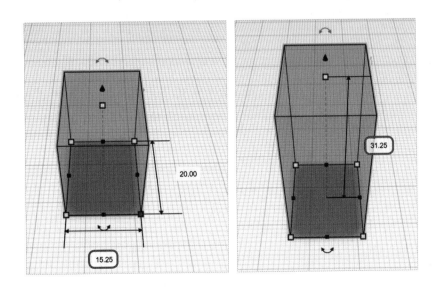

도형 회전

도형을 선택하면 각 축(X, Y, Z)으로 회전할 수 있는 3개의 회전 화살표가 보이는데, 작업시 도형을 회전하고 싶은 방향으로 드래그하여 회전 시킬 수 있다. 회전 방법은 [도형의 주변의 원 내부에서 마우스를 회전하면 22.5도 단위로 회전], [주변의 원 외부에서 회전하면 1도 단위로 회전] 하고, [Shfit 키를 누른 상태에서 회전하면 45도 단위로 회전]이 가능하다.

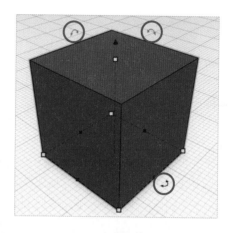

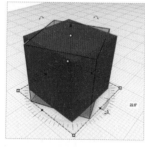
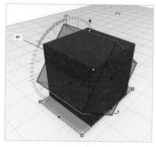
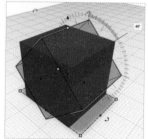

또한, 회전할 축의 회전 화살표를 클릭한 후 입력 값을 직접 입력하여 원하는 각도로 회전할 수 있으며, 시계방향과 반대인 반 시계방향으로 회전할 경우는 (−)부호와 숫자를 함께 입력해서 사용하도록 한다.

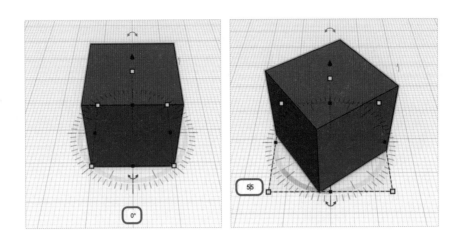

■ 도형 수정

■ 쉐이프 작업 메뉴

작업평면에 도형을 배치하고 수정하거나 편집할 때는 쉐이프 작업 메뉴를 사용한다. 도형 메뉴에서 기본 도형을 작업평면(Workplane)에 배치하고 도형을 클릭하면 화면 오른쪽 상단에 그 도형에 대한 [쉐이프 작업메뉴]가 나타난다.

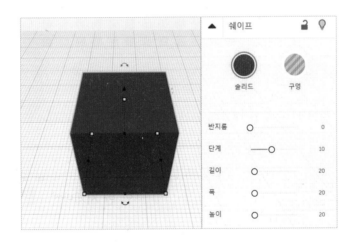

[쉐이프 작업 메뉴]는 선택한 도형을 수정할 수 있는 메뉴로써 선택된 도형의 종류에 따라 옵션도 다르다.

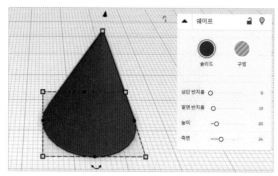

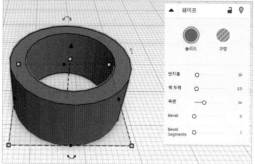

원추 도형 선택시 [쉐이프 작업메뉴]　　　　　튜브 도형 선택시 [쉐이프 작업 메뉴]

[쉐이프 작업메뉴]의 하위 항목들을 마우스로 이용하여 값을 변경하거나 직접 치수를 입력하여 변경 가능하다. 도형에 따라 제공되는 [쉐이프 작업메뉴]의 옵션이 다르게 제공되므로 선택한 도형의 기능을 미리 익혀두어야 한다. [쉐이프 작업메뉴] 중 공통적인 옵션은 솔리드(Solid)와 구멍(Hole)이다. 먼저 솔리드(Solid)는 도형의 색상을 변경할 수 있고, 도형을 투명으로 만들 수도 있다.

아래 그림과 같이 상자 내부에 구가 포함되어 있을 경우, 상자를 선택한 후 솔리드에서 투명을 선택하면 상자 내부에 어떠한 도형들이 있는지 확인할 수 있다.

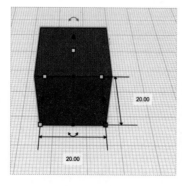

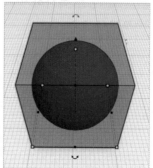

구명(Hole)은 기본 도형을 구명 도형으로 만들어서 겹쳐진 도형 부분을 제거(빼기)할 때 사용한다. 아래 그림과 같이 박스와 원통을 선택해 작업평면으로 드래그해서 옮긴 후, 원통을 선택해 [쉐이프 작업메뉴]에서 구명을 클릭하고 기능메뉴에서 [그룹화]아이콘을 클릭하면 구 멍과 겹쳐진 부분이 제거된다.

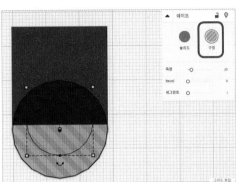
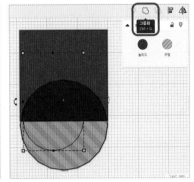

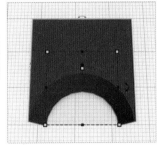

⬜ 기능메뉴 [도형복사, 붙여넣기]

기능메뉴는 도형을 복사하거나 붙여넣기, 또는 도형을 복제하거나 삭제, 명령 취소, 그룹생성 혹은 그룹 해제, 정렬, 대칭 등으로 이루어져 있다.

01 도형 복사, 붙여넣기

복사할 도형을 선택하고 기능메뉴 상단에 있는 복사 아이콘과 붙여넣기 아이 콘을 클릭하여 명령을 실행하거나, 단축키 Ctrl + C 로 복사하고, Ctrl + V로 붙여넣기 하면, 복사된 도형은 원본 도형과 50% 겹쳐진 상태로 복사된다.

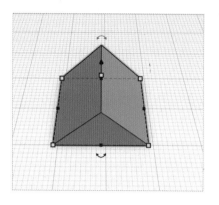
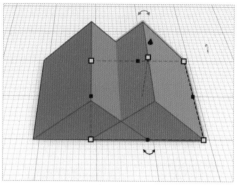

원본도형과 같은 위치에 도형의 평형이동 복사가 필요한 경우는 해당 도형을 선택한 후 Ctrl＋D를 눌러 도형복제를 한다.

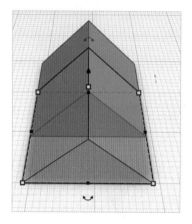
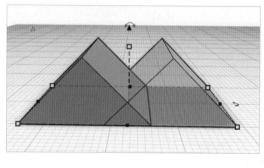

원본도형을 복사와 동시에 이동 및 회전해야할 때는 Alt키를 누른 상태에서 도형을 마우스로 드래그하면 드래그 방향으로 도형이 복사되어 이동된다.

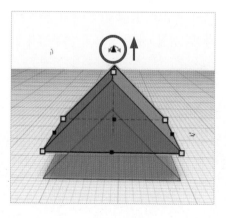
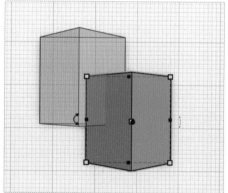

02 도형의 이동 간격 복제

작업평면에서 복제할 도형을 선택한 후 Ctrl+D 또는 Duplicate 버튼을 누르면 원본 도형과 같은 자리에 도형이 하나 복사된다. 이처럼 Duplicate 도형 복제하기는 패턴을 만들 때 사용하면 편리한 명령어이다.

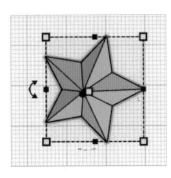 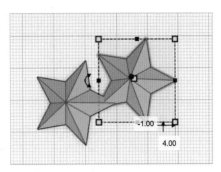

복사된 도형은 마우스나 키보드를 사용하여 이동시킬 수 있으며, 도형을 수평 또는 수직으로 평행 이동이 필요한 경우는 Shift 키를 누른 상태에서 이동한다. 또한, Ctrl + D를 반복적으로 눌러주면 도형의 이동된 거리만큼 일정 간격을 갖는 도형이 반복적으로 복사 된다.

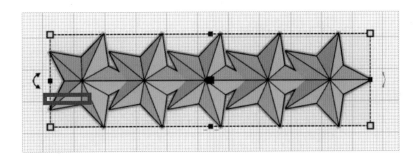

TIP

Ctrl + D 또는 Duplicate 버튼을 사용하는 복제 기능은 도형의 복사뿐만 아니라 앞에서 작업한 실행 명령까지 복제하여 실행 하는 기능이므로 복제를 마치기 전까지 다른 도형이나 작업평면 등을 클릭하지 않아야 한다.

03 도형의 회전 각도 복제

회전 시킬 도형이 선택된 상태에서 Ctrl + D 또는 Duplicate 버튼을 클릭하면 원본 도형자리에 제자리 복제가 된다. 복제된 도형을 회전하고자 하는 방향으로 회전한다. 이때, 회전각도 값을 입력하거나 마우스로 드래그하며 회전한다.

복사해서 회전 시킨 도형이 선택된 상태에서 Ctrl + D를 반복적으로 눌러주면 복사된 도형이 회전한 각도만큼 일정 각도를 갖는 도형이 반복적으로 복사된다.

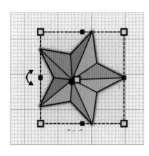 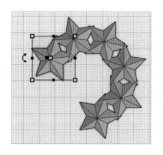 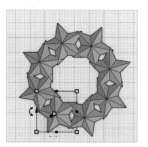

아래 그림과 같이 원본 도형을 제자리 복사하는 방법과 복사된 도형에 대한 명령어까지 복제함으로써 일정한 간격과 각도가 있는 패턴을 만들 수 있다.

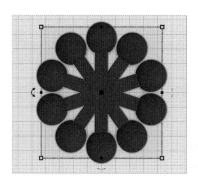 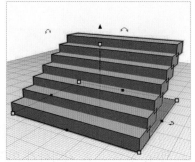

◼ **기능메뉴[도형의 그룹]**

틴커캐드의 모델링 방식은 도형을 더하고, 빼는 방식으로 사용할 수 있다.

기본 도형에 더하고자 하는 도형들을 선택한 후 그룹 아이콘을 클릭하면 선택된 도형들이 하나(Solid, 솔리드)로 합쳐진다. 이러한 경우 크기를 변경하거나 이동할 때도 함께 적용된다.

▪ **그룹(도형 더하기)**

틴커캐드의 그룹은, 아래 그림과 같이 기본 쉐이프의 도형들을 가져와 배치한후 도형을 모두 선택하고, 기능메뉴의 정렬[Align]을 클릭해 가로 및 세로 가운데 맞춤을 적용한 후 그룹화[Group] 버튼을 클릭하면 두 도형이 하나(Solid)의 색으로 통일되며 그룹 된다.

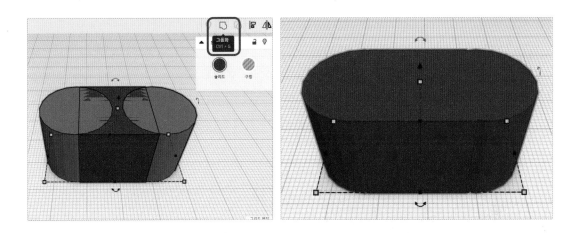

도형이 하나로 겹쳐지면 첫 번째 선택되었던 도형의 색상과 같은 색상으로 바뀐다. 만약 그룹 지정하기 이전의 도형 색을 유지하고 싶다면 [쉐이프 작업메뉴]의 옵션에서 [여러색]을 체크한다.

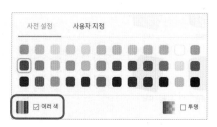
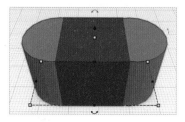

틴커캐드에서 도형을 제거하는 방식은 아래 그림과 같이 겹쳐진 상태의 상자와 원통이 구멍도형과 원본도형으로 그룹화되어 겹친 부분을 제거하는 원리이다.

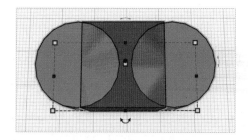

원통을 선택한 후 [쉐이프 작업메뉴]에서 구멍을 선택하여 원통을 구멍 도형으로 변경시키고, 기능메뉴에서 그룹아이콘을 클릭하면 구멍 도형으로 만들었던 원통 부분이 사라지면서 원통과 상자가 겹쳐진 부분이 제거된다.

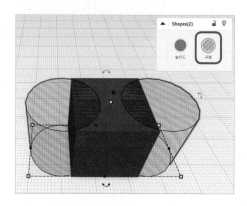

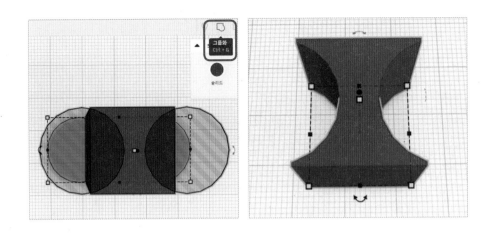

정렬(Align) & 반전(Flip) 기능

정렬(Align)기능

정렬(Align) 기능은 아래 그림과 같이 여러 도형을 특정 위치를 기준으로 재 배치하는 기능이다.

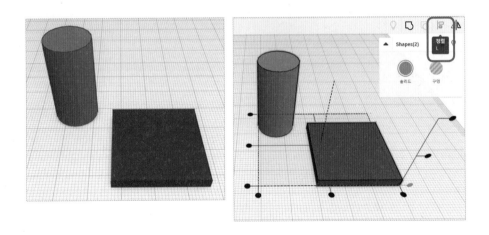

정렬(Align) 아이콘을 누르면 선택한 도형을 기준으로 검은색 점이 표시되며, 원하는 정렬 방향의 검은색 점에 마우스를 갖다 대면 주황색으로 미리보기가 나타낸다.

정렬할 기준점을 클릭하면 해당 기준으로 정렬된다.

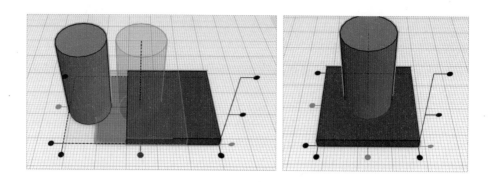

정렬을 완료시킨 도형은 그룹을 만들어 놓거나, 편집 Lock을 걸어두어서 정렬이 흐트러지지 않게 된다.

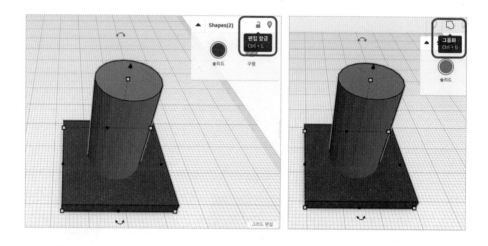

■ 반전(Flip) 기능

반전(Flip) 기능은 아래 도형의 좌/우, 앞/뒤, 위/아래 등의 대칭인 도형을 만들 때 사용한다.

아래 그림과 같이 좌우 반전 하고 싶은 도형을 선택하면 기능 메뉴의 반전 (Flip) 버튼이 활성화 된다. 반전 (Flip) 버튼을 누르면 가로, 세로, 높이의 기준 축 3개가 생성된다.

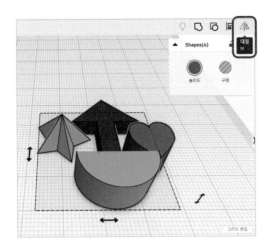

좌우대칭하고 싶은 기준 축에 마우스를 가까이 가져가면 주황색 투명 이미지로 대칭된 도형을 미리보기가 가능하다. 대칭 이동을 원하는 방향의 화살표를 선택하면 대칭 이동된 도형이 만들어 진다.

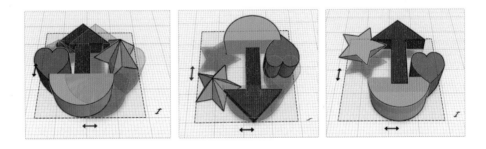

아래 그림과 같이 좌우 반전 도형을 만들고 싶다면, Ctrl + D (패턴 명령어)를 눌러 제자리에 복사 시킨 후 대칭 아이콘을 활용한다.

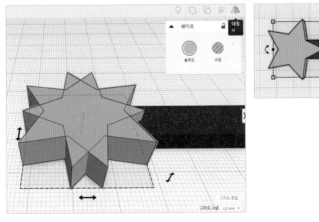

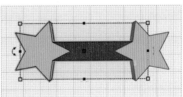

▣ 작업면(Workplane)

디자인에 모양을 추가하면 현재 작업 기준면에 자동으로 스냅 된다. 키보드 자판에서 W를 누르거나 작업평면 아이콘을 드래그하면 작업면이 될 곡면을 선택할 수 있다. 예를 들어 지붕의 한 면과 같이 표면이 경사져있는 경우 좌표계가 일시적으로 변경되어 지붕 측면을 기준으로 객체를 쉽게 이동하고 회전축 등을 변경한다.

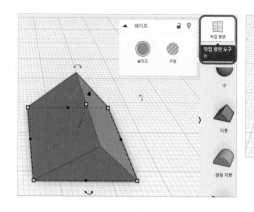 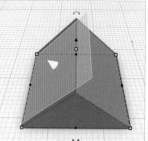 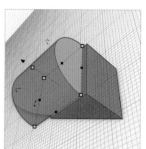

3 CHAPTER

3D 디자인 응용

3.1   이니셜 키링 디자인

3.2   스마일 스탬프 디자인

3.3   그림파일로 모델링하기_스탬프 디자인

3.4   캐릭터 키링 디자인

3.5   하트박스 디자인

3.6   꽃 화분 디자인

3.7   꽃병 디자인

3.8   앵그리버드 달걀 스탠드 디자인

3.9   연필 꽂이 디자인1

3.10   연필 꽂이 디자인2

3.11   눈사람 램프 디자인

3.12   비누케이스 디자인

3.13   에펠타워 디자인

3.14   벽 시계 디자인

3.15   곰돌이 핸드폰 거치대 디자인

3.16   오리 메모꽂이 디자인

Project Introduction

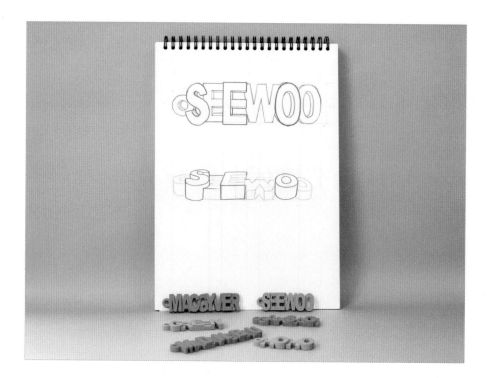

▣ TEP

① 카테고리의 [문자 및 숫자]에서 원하는 문자 쉐이프들을 드래그하여 작업 평면에 올려 놓는다.

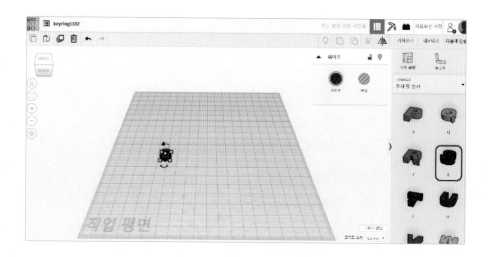

❷ 원하는 문자 쉐이프들을 작업 평면에 올린 후 전체 선택하고 뷰박스의 [평면도] 버튼을 클릭한다. 평면도 선택 후 [선택한 쉐이프에 뷰 맞춤] 버튼을 클릭하면 작업 대상을 확대해서 볼 수 있다.

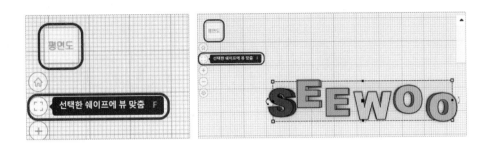

❸ 모든 쉐이프를 선택하고 [정렬] 버튼을 클릭한 후 그림에 표시된 왼쪽 상단 정렬 점을 클릭하여 쉐이프들을 상단 정렬한다.

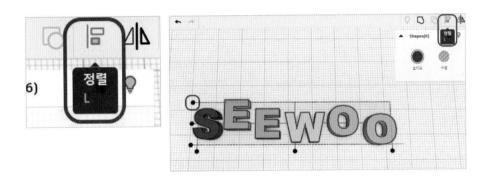

❹ 문자 쉐이프들이 상단 정렬되었다.

❺ 문자 쉐이프들을 정렬 후 한 쉐이프씩 선택하여 이동키로 화살표 방향으로 이동한다. 출력시 쉐이프들이 분리되지 않도록 약간씩 겹쳐놓는다.

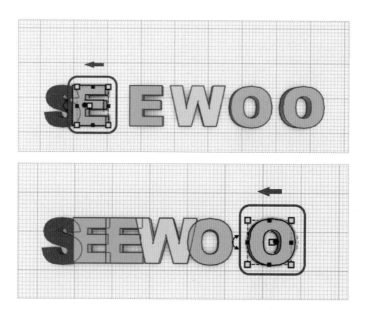

❻ [Shift] 키를 누른 채 첫 번째, 세 번째, 다섯 번째 문자 쉐이프를 각각 하나씩 클릭하면서 세 개의 문자 쉐이프를 선택한다.

❼ 세 개의 문자 쉐이프를 선택하고 뷰박스의 [정면도]를 클릭한 후 위쪽 점
핸들을 드래그하여 [6.00mm]로 크기를 변경한다.

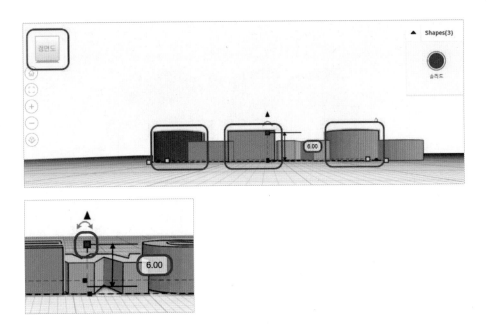

❽ 두 번째, 네 번째, 여섯 번째 문자 쉐이프를 선택하고 크기를 [4.00mm]로
변경한다.

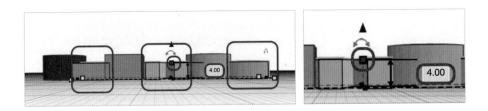

❾ 모든 문자 쉐이프를 선택하고 [그룹화] 버튼을 클릭한다.

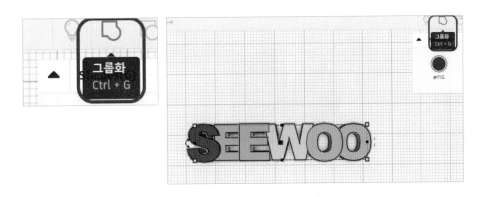

⑩ 그룹 문자 쉐이프를 선태하고 가로와 세로의 크기를 [60.00mm, 20.00mm]로 변경한다.

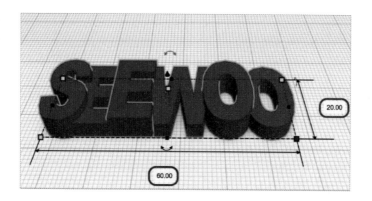

⑪ [기본 쉐이프]의 [튜브]쉐이프를 선택하여 작업 평면에 올린 후 설정창에서 수치를 변경한다. [반지름 :5, 벽두께 : 2.5]

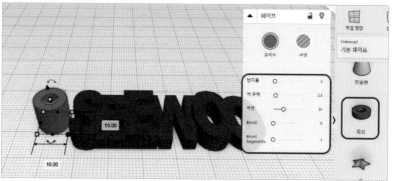

⑫ [튜브] 쉐이프를 선택하고 위쪽 점 핸들을 드래그하여 높이 [5.00mm]로 변경한다.

⑬ [튜브] 쉐이프를 드래그하여 그룹 문자 쉐이프와 연결되도록 이동시켜 적당한 위치에 놓는다.

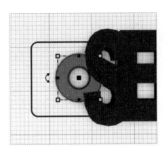

⑭ 모든 쉐이프를 선택하고 [그룹화] 버튼을 클릭한다.

⑮ 쉐이프 설정창이 뜨면 [솔리드] 버튼을 클릭한 후 원하는 색 버튼을 클릭하여 색을 변경한다.

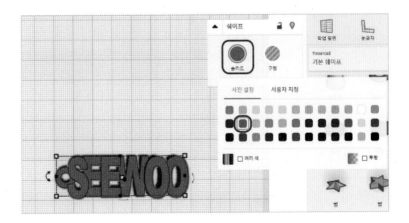

⑯ 문자 쉐이프를 이용한 이니셜 키링이 완성되었다.

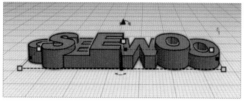

⑰ 같은 방법으로 다른 문자 쉐이프들을 사용하여 다른 이니셜 키링을 만들어 본다.

스마일 스탬프 디자인

Project Introduction

■ 제목 변경하기

① [디자인 제목] 을 클릭하여 제목을 변경한다.

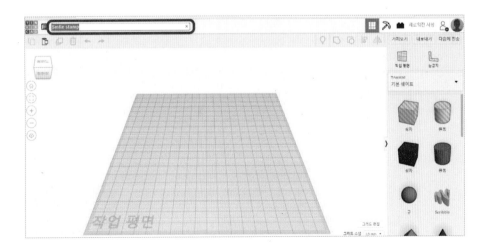

❷ [기본 세이프]에서 [상자] 쉐이프를 마우스로 드래그하여 [작업 평면]위에 올려놓는다.

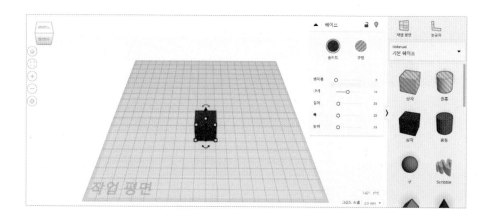

❸ [상자] 쉐이프를 선택하고 꼭짓점 핸들을 화살표 방향으로 드래그하여 크기를 가로, 세로 [50.00mm, 40.00mm]로 변경한다.

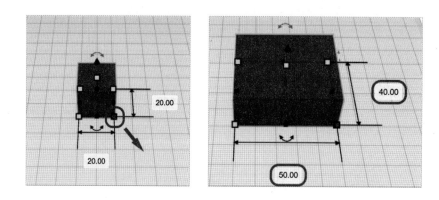

❹ [상자] 쉐이프의 위쪽 점 핸들을 드래그하여 크기를 높이 [15.00mm]로 변경한다.

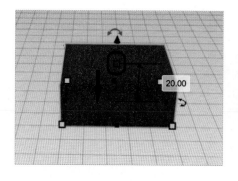
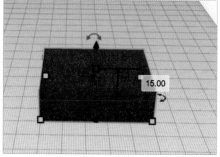

❺ [상자] 쉐이프 선택 후 쉐이프 설정창에서 반지름[2.5]를 입력하여 변경한다.

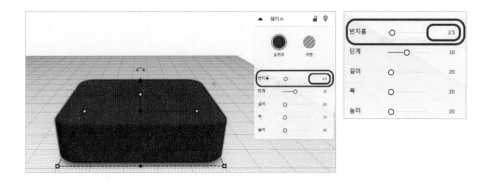

❻ 카테고리의 [모두]에서 7번 페이지의 [풀러] 쉐이프를 드래그하여 [작업 평면]에 올려놓는다.

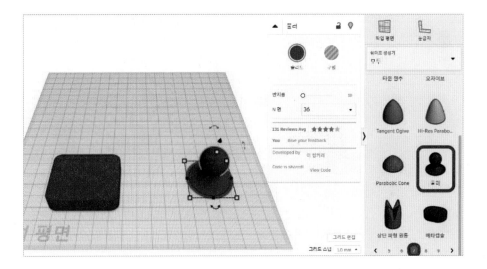

❼ [풀러] 쉐이프의 설정창에서 [반지름 = 8]을 입력한다.

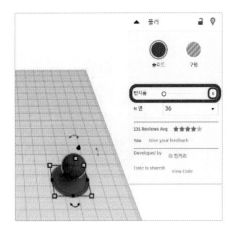

❽ [풀러] 쉐이프를 선택하고 위쪽 점 핸들을 화살표 방향으로 드래그하여 [45.00mm] 크기로 변경한다.

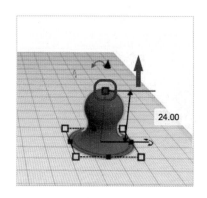 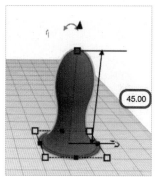

❾ [상자]와 [풀러] 쉐이프를 모두 선택하고 [정렬] 버튼을 클릭한다. 왼쪽과 앞쪽 중앙의 정렬 핸들을 클릭하여 중앙 정렬을 한다.

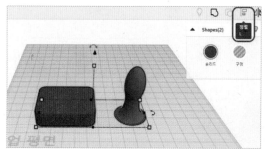 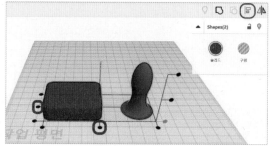

❿ [상자]와 [풀러] 쉐이프를 [정렬]하고 난 후 [풀러]쉐이프를 선택한다. [풀러] 쉐이프의 위쪽 화살표 핸들을 드래그하여 화살표 방향으로 [10.00mm] 이동한다.

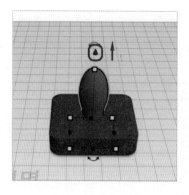 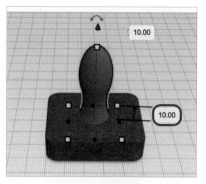

⑪ [상자]와 [풀러] 쉐이프를 모두 선택하고 [그룹화] 버튼을 클릭한다.

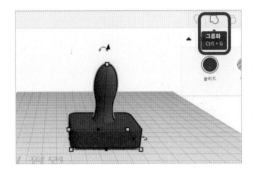

⑫ [그룹화] 후 설정창에서 색을 변경한다.

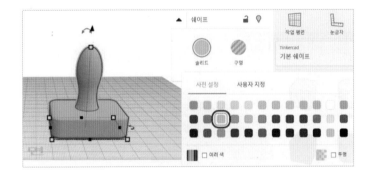

⑬ [쉐이프]를 선택하고 설정에서 [투명]으로 변경한다.

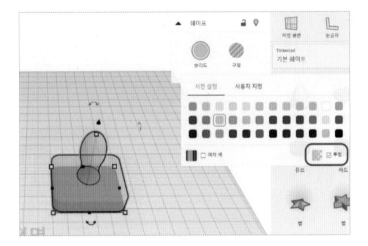

⑭ [기본 쉐이프]에서 [튜브] 쉐이프를 드래그하여 작업 평면에 올려놓는다.

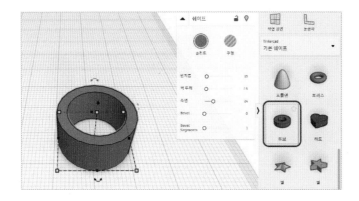

⑮ [튜브] 쉐이프를 선택하고 [선택한 쉐이프에 뷰 맞춤] 버튼을 클릭한다.

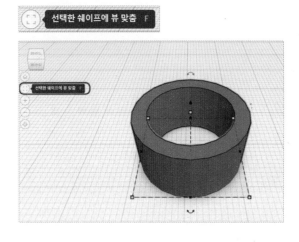

⑯ [튜브] 쉐이프를 선택하고 꼭짓점 핸들과 위쪽 점 핸들을 화살표 방향으로 드래그하여 [35.00mm, 35.00mm, 5.00mm] 크기로 변경한다.

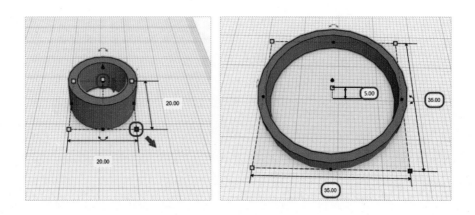

⑰ [튜브]를 선택하고 설정창에서 벽두께 [1]로 수치를 변경한다

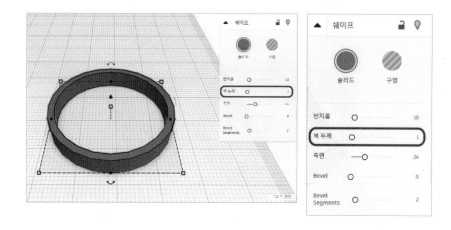

⑱ [튜브] 쉐이프를 선택하고 [편집 잠금] 버튼을 클릭한다.

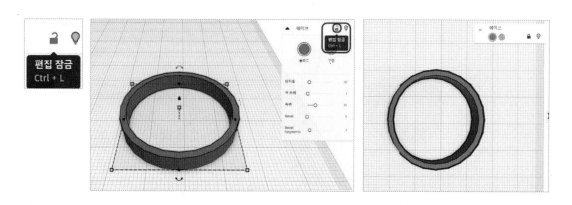

⑲ [기본 쉐이프]에서 [튜브]를 드래그하여 그림과 같이 올려놓는다.

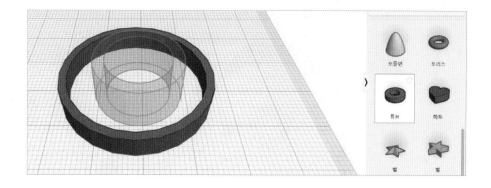

⑳ [튜브]를 선택하고 꼭짓점 핸들을 화살표 방향으로 드래그하여 [8.00mm, 8.00mm] 크기로 변경한다.

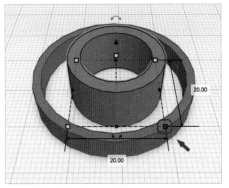 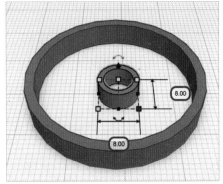

㉑ [튜브] 쉐이프를 선택하고 [Shift+Alt] 키를 누르고 드래그하여 [10.00mm] 이동복사한다.

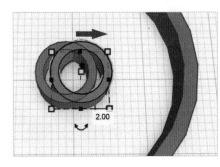 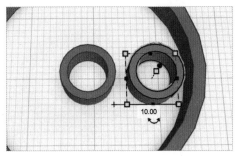

㉒ [Shift] 키를 누르고 [튜브] 쉐이프들을 하나씩 클릭하여 작은 [튜브] 쉐이프들을 선택한 후 위치를 이동한다.

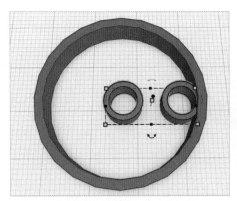 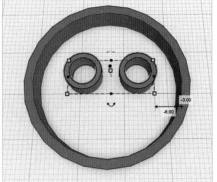

㉓ [기본 쉐이프]에서 [구멍 상자]를 선택하여 작업평면에 올려놓고 그림과 같이 작은 튜브들과 위치를 잡아준다.

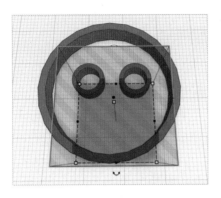

㉔ [구멍 상자] 쉐이프를 선택하고 측면 점 핸들을 화살표 방향으로 드래그하여 크기를 변경한다.

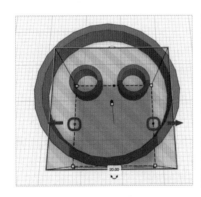 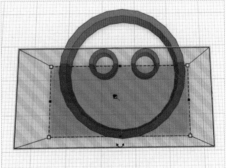

㉕ 작은 [튜브]들과 [구멍 상자]를 선택하고 [그룹화] 버튼을 클릭한다.

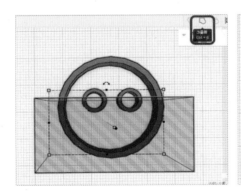 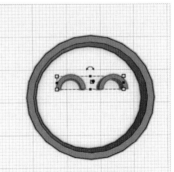

㉖ 그림과 같이 작은 튜브들을 선택하고 [선택된 쉐이프에 뷰 맞춤] 버튼을 클릭한다.

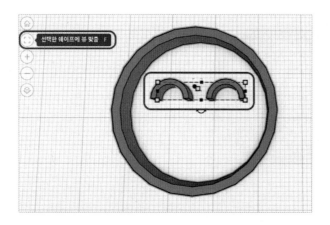

㉗ 그림같이 선택된 튜브의 위쪽 점 핸들을 드래그하여 [5.00mm]로 크기를 변경한다.

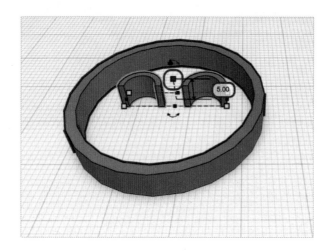

❷❽ 큰 튜브를 선택하고 [편집 잠금 해제] 버튼을 클릭하여 잠금을 해제한다.

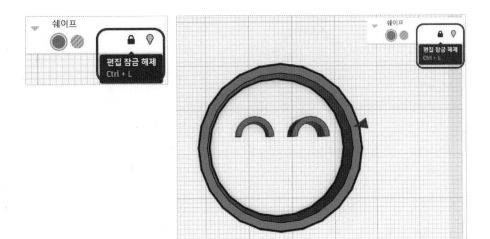

❷❾ 바깥 쪽 큰 튜브를 선택하고 [Alt] 키를 누른 상태에서 드래그하여 이동한다.

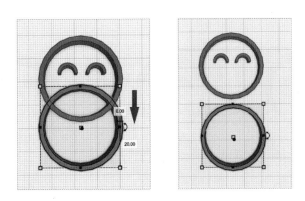

❸⓿ [기본 쉐이프]에서 [구멍 상자]를 불러와서 그림처럼 놓은 후, 점 핸들을 드래그하여 크기를 변경한다.

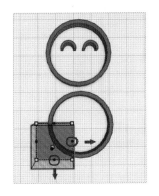 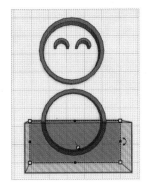

㉛ 그림과 같이 [튜브]와 [구멍 상자]를 선택하고 [그룹화] 버튼을 클릭한다.

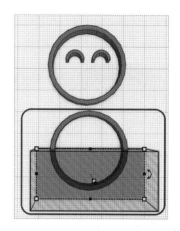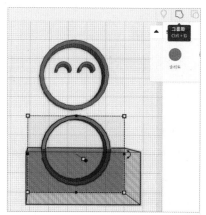

㉜ 잘린 튜브를 선택하고 회전 화살표를 드래그하여 [180°] 회전한다. 회전된 튜브를 선택하고 꼭짓점 핸들을 드래그하여 [20.00mm, 9.00mm]로 크기를 변경한다.

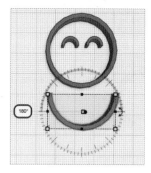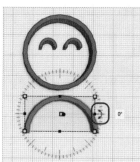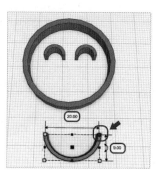

㉝ 잘린 튜브를 선택하고 드래그하여 위치를 잡아준다.

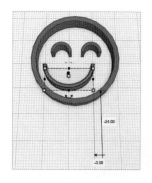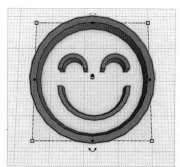

㉞ 튜브들을 모두 선택하고 [그룹화] 버튼을 클릭한다.

㉟ 튜브를 드래그하여 그림과 같이 스탬프 몸체의 중앙을 이동한다.

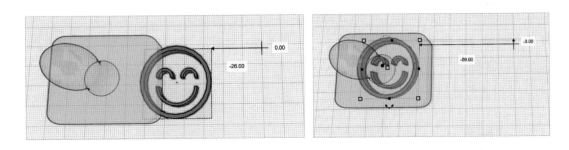

㊱ 모든 쉐이프를 선택하고 [정렬] 버튼을 클릭한다. 왼쪽과 앞쪽 중앙의 점 핸들을 클릭하여 중앙 정렬을 한다.

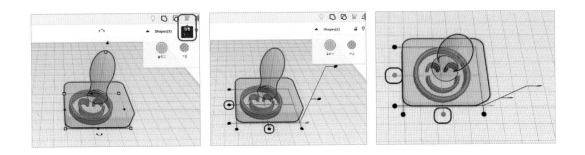

㉟ [홈 뷰]를 클릭한 다음, [뷰 큐브]의 [정면뷰]를 클릭한다.

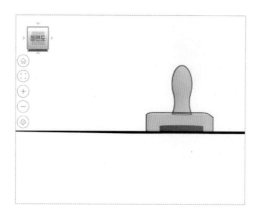

㊳ 스탬프의 손잡이 부분을 선택하고 위쪽 핸들 화살표를 화살표 방향으로 [2.00mm] 이동하고 모든 쉐이프를 선택하고 [그룹화]버튼을 클릭한다.

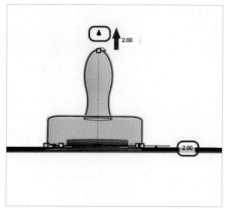 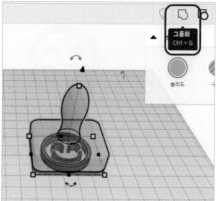

㊴ 스탬프가 완성되었다.

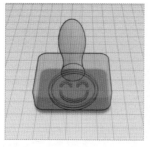 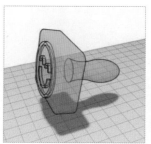 

3.3 그림파일로 모델링하기_스탬프 디자인

◘ 그림 파일 모델링하기 (스탬프)

- *.JPG, *.GIF, *.PNG 파일을 SVG파일로 변환하기

http://picsvg.com 에서 이미지 파일을 *.svg 파일로 변환한다.

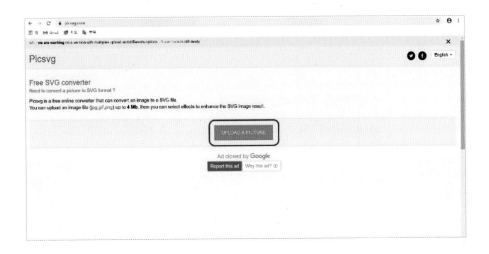

검색창에서 원하는 이미지를 검색 후 저장한다.

[UPLOAD A PICTURE] 아이콘을 클릭한다. 원하는 이미지 파일을 선택하고 [열기]를 클릭한다.

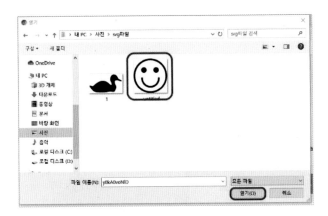

*.svg 로 파일 형식이 변환 되면 [DOWNLOAD SVG]를 클릭하여 저장한다.

■ 틴커캐드 SVG파일 불러오기

카테고리의 [가져오기]를 클릭한다.

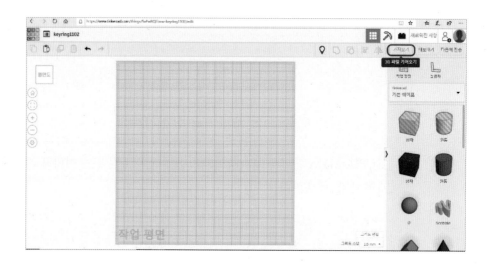

[파일 선택]을 클릭하여 원하는 이미지 파일을 선택하여 불러온다.

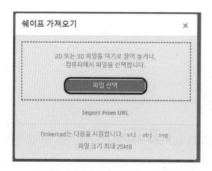

원하는 이미지 파일을 선택하고 크기와 축적을 변경할 수 있다. 수치를 변경
후 [가져오기]를 클릭한다.

틴커캐드 작업 평면에 가져오기 완성하면 쉐이프의 크기를 변경할 수 있다. 그
림과 같이 쉐이프의 크기를 [30.00mm, 30.00mm]로 변경한다.

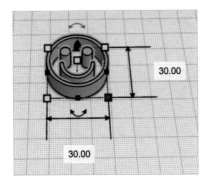

■ *.svg파일을 이용하여 스탬프 만들기

스탬프 만들기 방법을 통해 몸체를 만든 후 쉐이프을 모두 선택하고 중앙 정
렬한다.

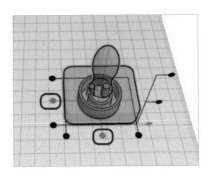

뷰박스의 [정면도]를 클릭한 후 그림과 같이 스탬프 몸체를 선택하여 위쪽 화살표를 화살표 방향으로 [2.00mm] 이동 후 모두 선택하고 [그룹화]를 클릭한다.

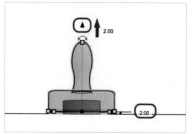 

3.4 | 캐릭터 키링 디자인

Project Introduction

❶ [기본 쉐이프]에서 [원통] 쉐이프를 선택해 작업 평면에 올린 후 크기를 [54.00mm, 54.00mm, 10.00mm]로 변경한다.

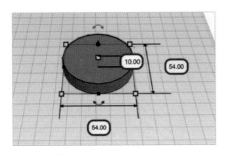

❷ [기본 쉐이프]에서 [구멍 원통] 쉐이프를 선택해 작업 평면에 올린 후 크기를 [45.00mm, 45.00mm, 20.00mm]로 변경하고 모든 쉐이프를 선택하고 [정렬] 버튼을 클릭하여 중앙 정렬한다.

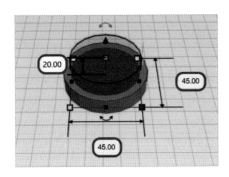 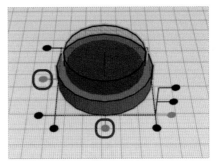

❸ [기본 쉐이프]에서 [하트]쉐이프를 선택하여 작업 평면에 올린 후 크기를 [50.00mm, 54.00mm, 10.00mm] 로 변경한다.

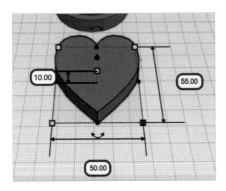

❹ [하트] 쉐이프를 선택하고 회전 화살표를 화살표 방향으로 드래그하여 [180°] 회전한다.

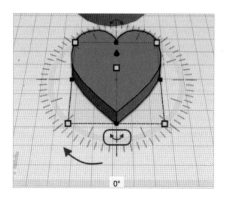 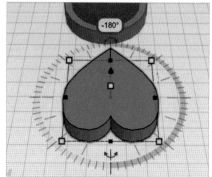

❺ 모든 쉐이프를 선택하고 [정렬] 버튼을 클릭한 후 앞 쪽 가운데 정렬 점을 클릭하여 가운데 정렬한다.

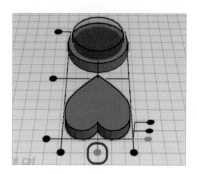

❻ [Shift] 키를 누른 상태에서 [하트] 쉐이프를 드래그하여 화살표 방향으로 이동 시킨다. 원통 쉐이프와 하트 쉐이프가 [10.00mm]정도 겹치도록 놓는다.

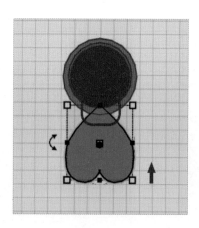

❼ [기본 쉐이프]에서 [원통] 쉐이프를 드래그하여 그림과 같이 위치를 설정한다.

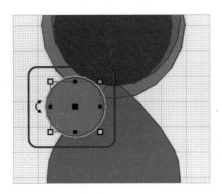

❽ [원통]쉐이프를 선택하고 [Shift + Alt] 키를 누른 상태에서 드래그하여 [30.00mm] 이동 복사한다.

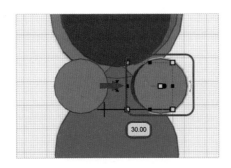

❾ 두 원통 쉐이프를 선택한 후 [그룹화] 버튼을 클릭한다. 그룹 원통 쉐이프와 함께 모든 쉐이프들을 선택 후 [정렬] 버튼을 클릭하고 가운데 정렬한다.

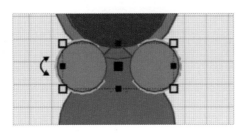 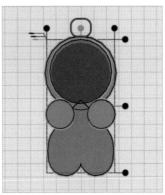

⑩ [그룹 원통] 쉐이프를 선택하고 높이를 [10.00mm]로 크기를 변경한다.

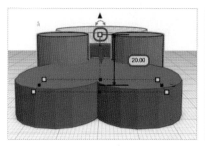 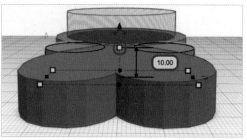

⑪ [구멍 원통] 쉐이프를 선택하고 위쪽 이동 화살표를 화살표 방향으로 [6.00mm] 이동한다.

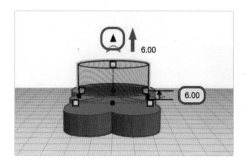

⑫ 모든 쉐이프들을 선택하고 [그룹화] 버튼을 클릭한다.

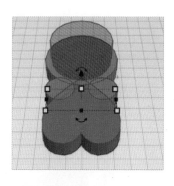 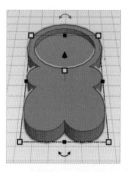

⑬ [기본 쉐이프]에서 [원통]쉐이프를 선택하여 작업 평면에 올리고 크기를 [5.00mm, 5.00mm, 20.00mm]로 변경한다. 크기 변경후 [Shift+Alt] 키를 누르고 화살표 방향으로 [15.00mm] 드래그하여 이동 복사 한다.

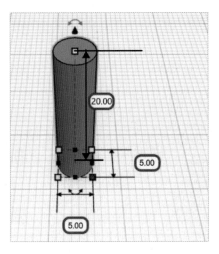
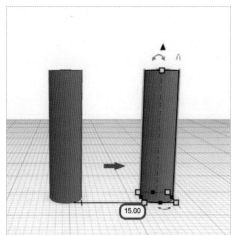

⑭ 두 원통 쉐이프를 선택하고 [그룹화] 버튼을 클릭한다.

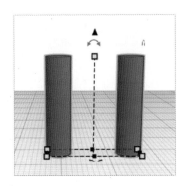

⑮ 그룹 원통 쉐이프를 큰 원통 쉐이프 위로 위치를 이동한다.

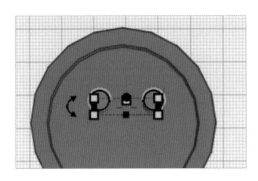
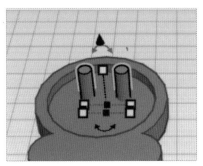

⑯ 카테고리의 [추천]에서 [돌출] 쉐이프를 선택하고 작업 평면에 올리면 쉐이프 편집창이 뜬다. 쉐이프 편집창의 편집점들을 마우스로 움직여 [돌출] 쉐이프의 모양을 변경한다.

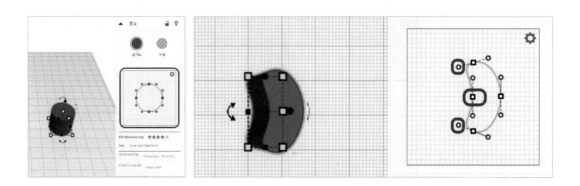

⑰ [돌출] 쉐이프를 선택하고 회전 화살표를 드래그하여 화살표 방향으로 [90°] 회전한다.

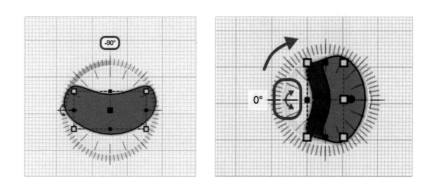

⑱ 마우스로 [돌출] 쉐이프를 드래그하여 큰 원통 쉐이프 위로 이동한다.

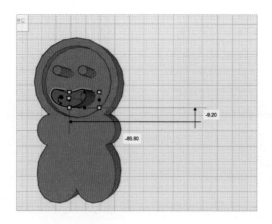

⑲ 모든 쉐이프를 선택하고 가운데 정렬 점을 클릭하여 가운데 정렬한다.

⑳ [그룹 원통] 쉐이프와 [돌출] 쉐이프를 선택하고 [구멍] 버튼을 클릭한다.

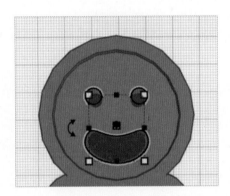

㉑ 구멍 원통 과 구멍 돌출 쉐이프를 선택하고 위쪽 이동 화살표를 화살표 방향으로 [4.00mm] 이동한다.

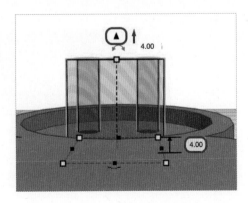

㉒ 모든 쉐이프를 선택하고 [그룹화] 버튼을 클릭한다.

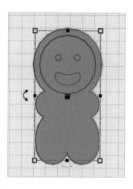

㉓ [기본 쉐이프]의 [원형 지붕] 쉐이프를 선택하여 작업 평면에 올리고 회전 화살표를 화살표 방향으로 드래그하여 [90°] 회전한다.

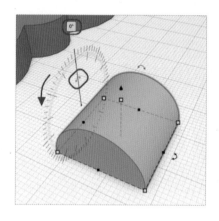
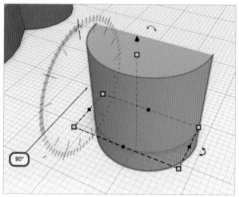

㉔ [원형 지붕] 쉐이프를 드래그하여 본체 쉐이프로 이동 시킨 후 [구멍] 버튼을 클릭한다.

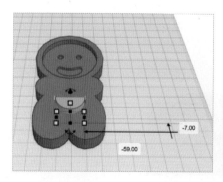
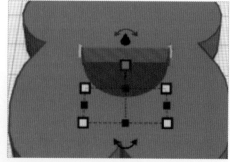

㉕ [구멍 원형지붕] 쉐이프를 선택하고 위쪽 이동 화살표를 화살표 방향으로 [6.00mm] 이동한 후 모든 쉐이프를 선택하고 [그룹화] 버튼을 클릭한다.

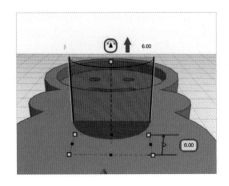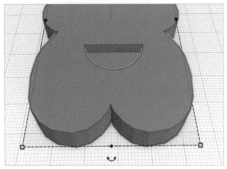

㉖ [기본 쉐이프]에서 [튜브] 쉐이프를 선택하여 작업 평면에 올리고 설정창에서 수치를 변경한다. [반지름: 5, 벽두께: 2.5]로 수치를 변경하고 높이를 [5.00mm]로 변경한다.

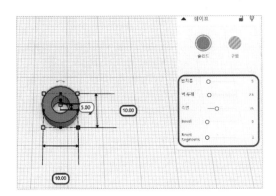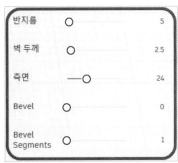

㉗ [튜브] 쉐이프를 드래그하여 본체 쉐이프와 연결 위치에 놓고 모든 쉐이프 선택후 [정렬] 버튼을 클릭하여 가운데 정렬한다.

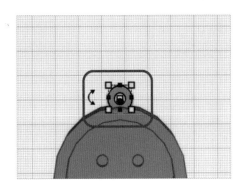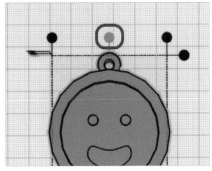

㉘ 모든 쉐이프를 선택하고 [그룹화] 버튼을 클릭한다.

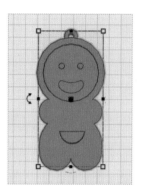

㉙ [기본 쉐이프]에서 [구멍 원통] 쉐이프를 선택하여 작업 평면의 쉐이프의 적당한 위치에 올린다. [구멍 상자] 쉐이프도 작업 평면에 올린 후 그림과 같이 크기를 변경한다.

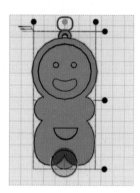 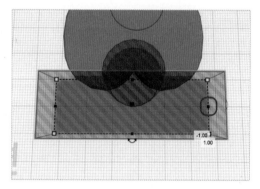

㉚ 모든 쉐이프를 선택하고 [그룹화]버튼을 클릭하여 키링을 완성한다.

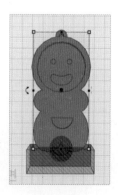 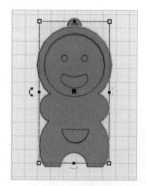

3.5 하트박스 디자인

Project Introduction

① 쉐이프 찾기

오른쪽 [기본 쉐이프]에서 [하트] 쉐이프를 찾아 마우스로 드래그하여 [작업
평면] 위에 올려놓는다.

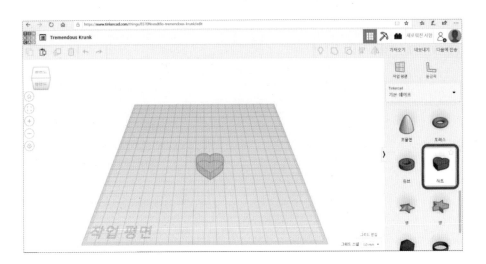

② 쉐이프 크기 수정

작업 평면 위의 [하트] 쉐이프를 선택하고 꼭짓점 핸들을 클릭한다. 가로,세로
수치 입력란에 각각 [100mm, 90mm]를 입력하여 크기를 변경한다.

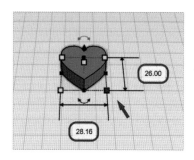 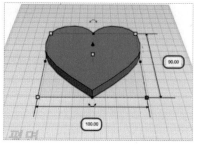

하트 쉐이프 위쪽 점 핸들을 드래그하여 높이의 크기를 [30mm]로 변경한다. 가
로,세로 수치를 입력하듯이 높이 치수 입력창에 입력하는 방법도 있다.

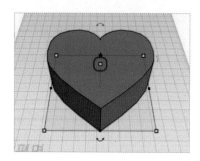 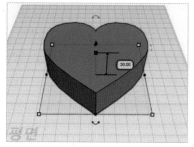

③ [하트]쉐이프를 선택하고 투명으로 변경한다.

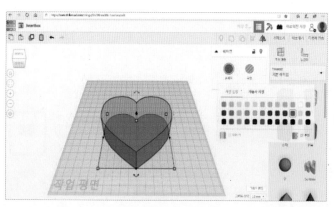 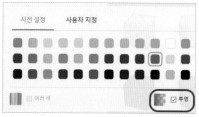

❹ [하트] 쉐이프를 추가하고 치수를 변경한다. 가로,세로,높이 [95mm, 85mm, 30mm]를 각각 입력한다.

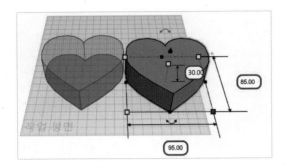

❺ 추가해서 기본 값을 변경한 하트 쉐이프를 선택하고, 위쪽 핸들 화살표를 위쪽으로 드래그해서 [5mm] 이동한다.

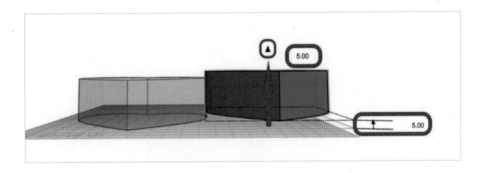

❻ 두 개의 [하트] 쉐이프를 모두 선택하고 정렬 버튼을 클릭한다.

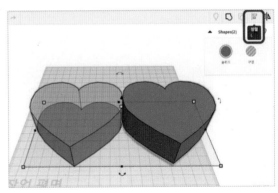

❼ 앞쪽과 왼쪽의 중앙에 있는 정렬 핸들점을 선택해서 [중간 정렬]하고, 빈 영역을 선택해서 정렬을 완료한다.

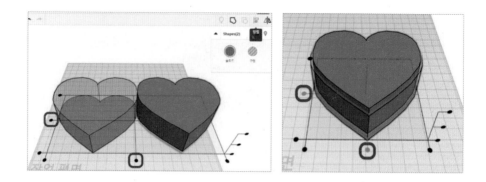

❽ 다음 작업을 위해 전체 쉐이프를 선택하고 측면으로 이동 시킨다.

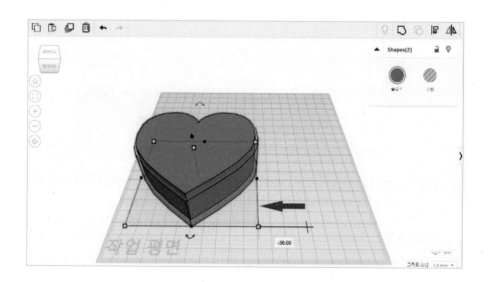

 전체 쉐이프를 선택하는 방법– 마우스로 전체 쉐이프를 드래그하거나 Shift키를 누른 상태에서 쉐이프들을 하나씩 클릭하여 선택한다.

❾ 이동복사

전체 쉐이프를 선택하고, [Shift]+[Alt] 키를 누른 상태에서 화살표 방향으로 드래그를 하여 이동 복사한다.

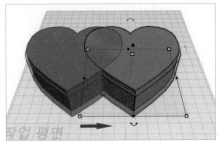 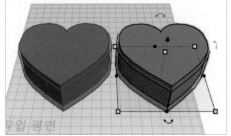

⑩ 이동 복사한 하트 쉐이프들의 색을 변경하여 원본 쉐이프들과 구분한다.

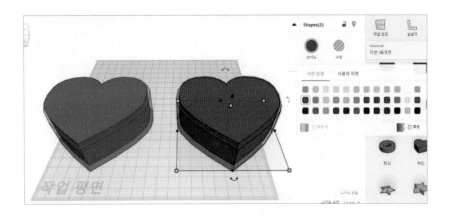

⑪ 선택 대상 확대

작업할 하트 쉐이프들을 선택하고 [선택한 쉐이프에 뷰 맞춤] 버튼을 클릭해서 화면에 맞춤한다.

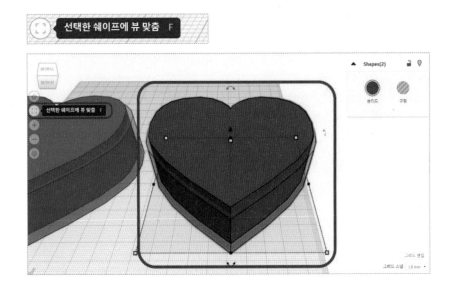

⑫ 뚜껑이 될 하트 쉐이프들을 선택해서 크기를 확인하고 수치를 변경한다. 바깥쪽 투명한 하트 쉐이프를 먼저 선택한 후 그림처럼 위쪽 점 핸들을 화살표 방향으로 드래그하여 [높이 10mm] 크기로 변경한다.

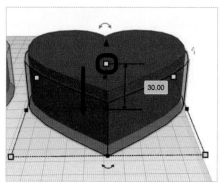 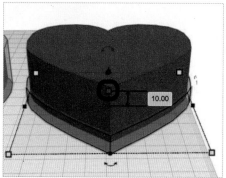

⑬ 안쪽의 하트 쉐이프도 같은 방법으로 크기를 확인하고 수치를 변경한다.

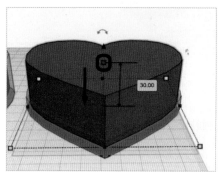 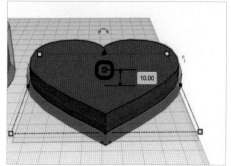

⑭ 안쪽의 하트 쉐이프만 선택하고 가로,세로 크기를 확인하고 수치를 변경한다. 가로, 세로 각각 [94mm, 84mm]를 입력한다.

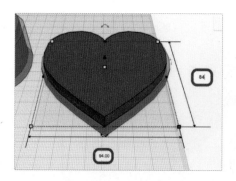

⑮ 수치 변경한 두 하트 쉐이프를 모두 선택한 후 상단 메뉴에서 [정렬] 버튼을 클릭한다. 왼쪽과 앞쪽 중앙의 정렬 핸들점을 클릭하여 [중간 정렬] 한다.

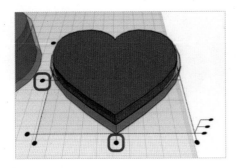

⑯ [정렬] 한 두 하트 쉐이프를 선택한 후 상단 메뉴에서 [그룹화] 버튼을 클릭한다.

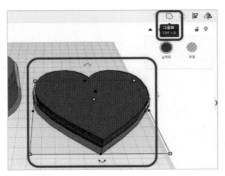
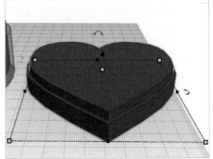

⑰ 원본 하트 쉐이프들을 선택하고 [선택한 쉐이프에 뷰 맞춤] 버튼을 클릭해서 화면에 맞춤한다.

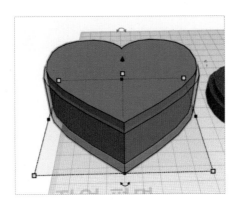

⑱ 안쪽 하트 쉐이프를 선택하고 설정창에서 [구멍]버튼을 클릭한다.

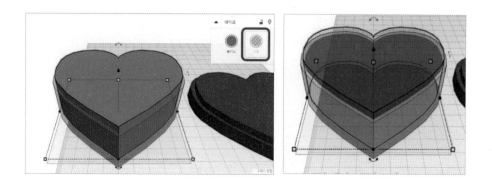

⑲ 원본 쉐이프를 모두 선택하고 [그룹화] 버튼을 클릭한다.

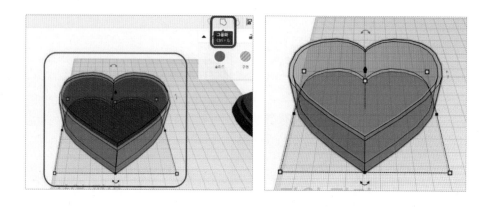

⑳ [그룹화]를 실행한 하트 쉐이프의 설정창에서 색을 변경한다.

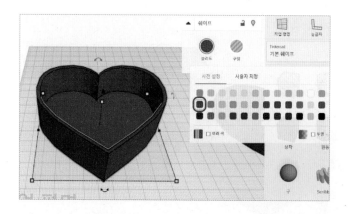

㉑ 뚜껑 하트 쉐이프를 선택하고 그림처럼 회전 화살표를 드래그해서 [180°] 회전한다.

㉒ 회전시킨 하트 쉐이프를 선택하고 위쪽 핸들 화살표를 드래그하여 화살표 방향으로 [30mm] 이동한다.

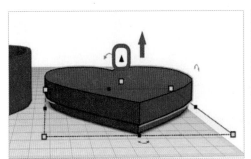 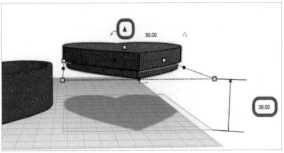

㉓ 작업 평면 위의 모든 쉐이프를 선택하고 [정렬]버튼을 클릭한다. 왼쪽과 앞쪽 중간의 점 핸들을 클릭하여 [중간 정렬]을 한다.

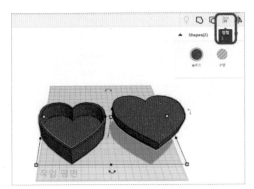 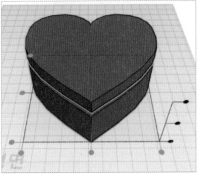

㉔ 제목을 클릭해서 변경한다.

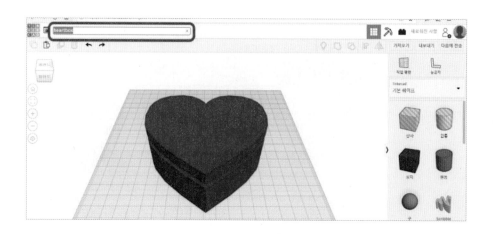

3.6 | 꽃 화분 디자인

Project Introduction

① 쉐이프 찾아 추가하기

[기본 쉐이프]에서 [구] 쉐이프를 찾아 드래그하여 [작업 평면]에 올려놓는다.

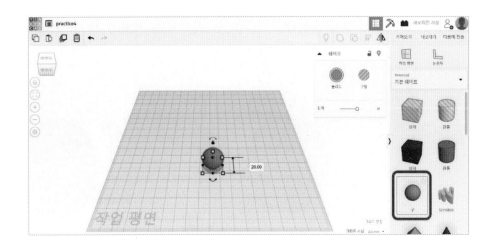

② 쉐이프 크기 수정

[구] 쉐이프를 선택하고 [Shift+Alt] 키를 누르고 꼭짓점 핸들을 화살표 방향
으로 드래그하여 [100.00mm, 100.00mm] 크기로 변경한다.

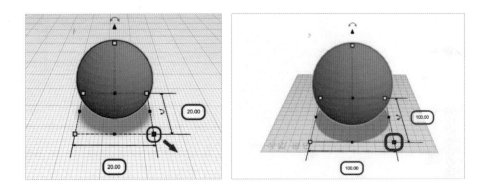

위쪽 점 핸들을 드래그하여 높이를 [120.00mm]로 변경한다.

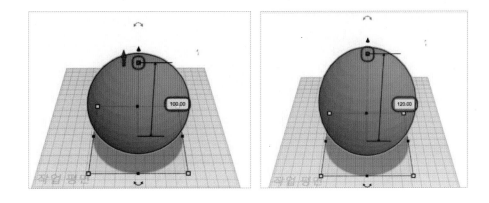

❸ [구]쉐이프를 선택하고 위쪽 화살표 핸들을 아래 방향으로 드래그하여
[−20.00mm] 이동한다.

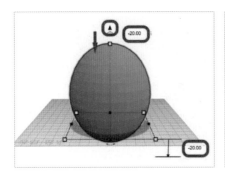 

❹ [기본 쉐이프]에서 [구멍 상자] 쉐이프를 가져온다.

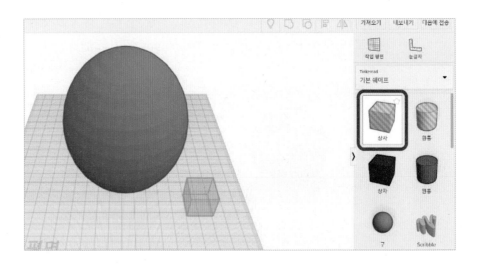

❺ [구멍 상자] 쉐이프의 측면 핸들을 화살표 방향으로 드래그하여 [구] 쉐이
프보다 크게 변형한다.

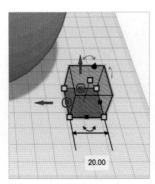 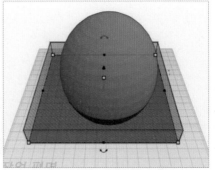

⑥ [구멍 상자] 쉐이프를 선택하고 위쪽 화살표 핸들을 드래그하여 아래 방향으로 [−20.00mm] 이동한다.

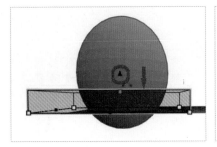 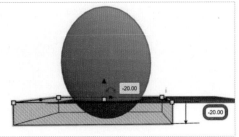

⑦ [구멍 상자] 쉐이프를 선택하고 [Alt] 키를 누른 상태에서 위쪽 화살표 핸들을 드래그하여 [80.00mm] 위로 이동 복사한다.

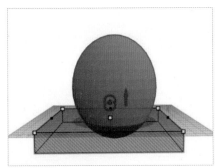 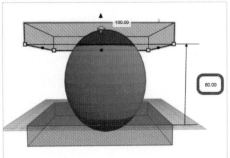

⑧ 모든 쉐이프를 선택하고 [그룹화] 버튼을 클릭한다.

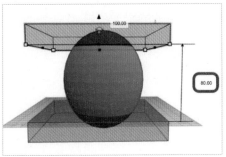 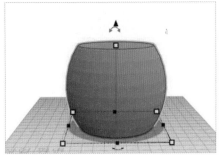

❾ [구] 쉐이프를 선택하고 솔리드 설정창에서 투명으로 변경한다.

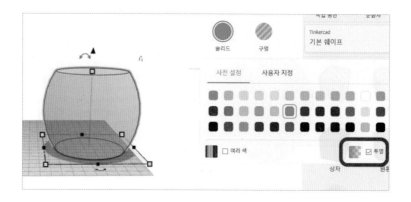

❿ [구] 쉐이프를 선택하고 [Duplicate and repeat] 버튼을 클릭해서 제자리 복사한다.

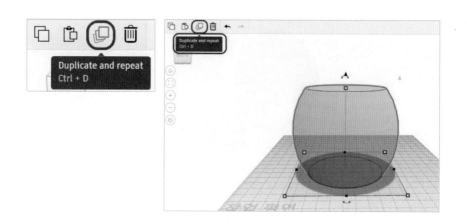

⓫ 제자리 복사된 상태에서 [Shift+Alt] 키를 누르고 꼭짓점 핸들을 화살표 방향으로 드래그하여 [94.00mm, 94.00mm] 크기로 변경한다.

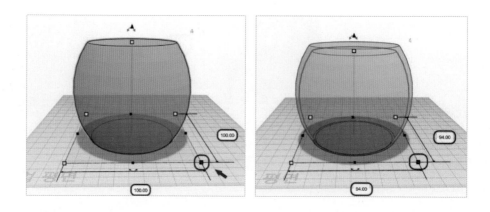

⑫ 모든 쉐이프를 선택하고 [정렬] 버튼을 클릭한다.

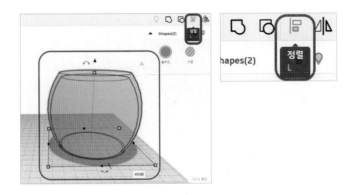

⑬ [정렬]의 핸들 점들을 그림과 같이 클릭하여 쉐이프들을 정렬한다.

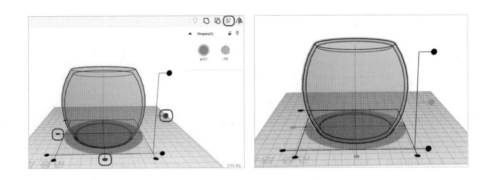

⑭ 안쪽에 있는 쉐이프만을 선택한다.

전체 선택을 한 다음 쉐이프를 확대한다. 그 다음 [Shift] 키를 누르고 그림과
같이 바깥쪽 쉐이프 영역을 클릭한다.

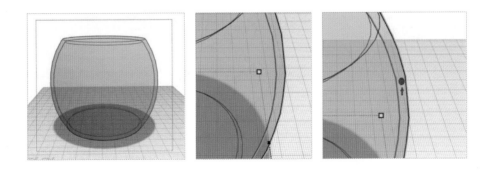

⑮ 안쪽 쉐이프만 선택 된 상태에서 [구멍] 버튼을 클릭한다.

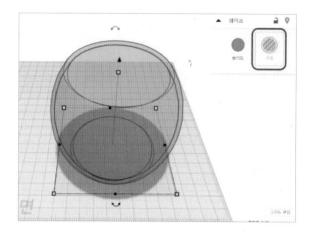

⑯ [구멍 상자]를 불러와서 측면 핸들을 사용하여 크기를 변경한다.

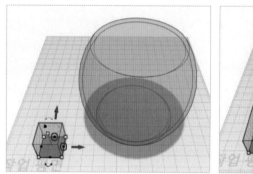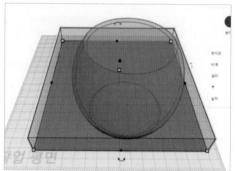

⑰ [구멍 상자]를 선택하고 위쪽 이동 화살표를 드래그하여 위로 [76.00mm] 이동한다.

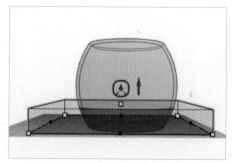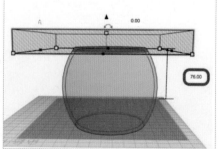

⑱ 모든 쉐이프를 선택하고 [그룹화] 버튼을 클릭한다.

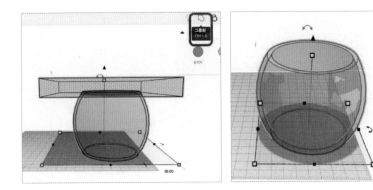

⑲ [구] 쉐이프를 선택하고 솔리드 설정창에서 [투명]을 해제한다.

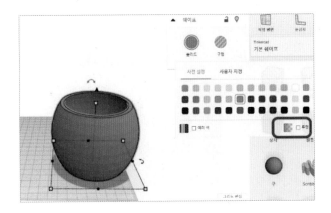

⑳ [기본 쉐이프]에서 [구멍 원통] 쉐이프를 드래그하여 [작업 평면]에 올려놓고 [8.00mm, 8.00mm, 80.00mm]로 크기를 변경한다.

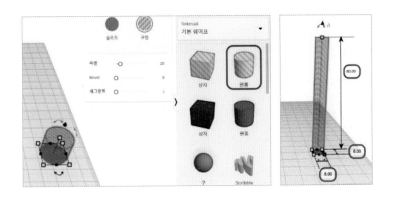

㉑ 크기를 변경한 [구멍 원통] 쉐이프를 선택하고 [Shift+Alt] 키를 누르고 드래그하여 [−20.00mm]만큼 2개의 쉐이프를 이동 복사한다.

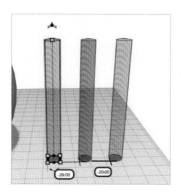

㉒ [Shift] 키를 누르고 양쪽의 [구멍 원통] 쉐이프 2개만 선택하고, [Alt]키를 누르고 회전 화살표를 그림과 같은 방향으로 [−90°] 회전 복사한다.

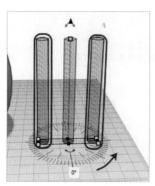 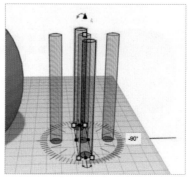

㉓ 5개의 [구멍 원통]쉐이프를 모두 선택하고 [그룹화] 버튼을 클릭한다.

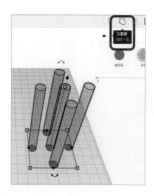

㉔ [구] 쉐이프와 그룹화한 [구멍 원통] 쉐이프 모두 선택하고 [정렬] 버튼을 클릭한다. 왼쪽과 앞쪽의 중앙의 [정렬] 핸들점을 클릭하여 중앙 정렬을 한다.

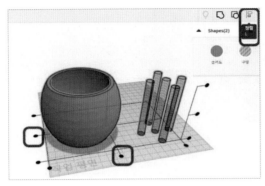
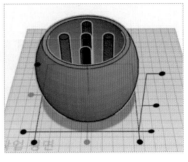

㉕ 그룹화된 [구멍 원통] 쉐이프를 클릭한 다음 위쪽 이동 화살표 핸들을 아래로 드래그하여 [구] 쉐이프를 관통하도록 한다.

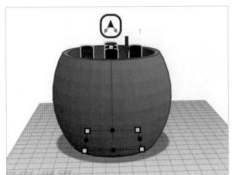

㉖ 모든 쉐이프를 선택하고 [그룹화] 버튼을 클릭한다.

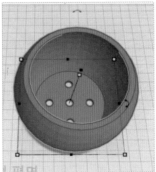

㉗ [기본 쉐이프]에서 [상자] 쉐이프와 [원형 지붕] 쉐이프를 드래그하여 [작업 평면]위에 올려 놓는다.

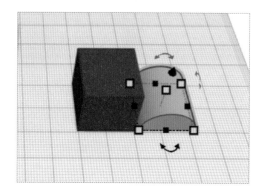

㉘ [상자]쉐이프와 [원형 지붕] 쉐이프를 모두 선택한 후 [선택한 쉐이프에 뷰 맞춤] 버튼을 클릭한다.

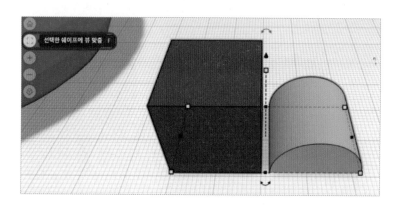

㉙ [원형 지붕] 쉐이프를 선택하고 화살표 방향으로 드래그하여 그림과 같이 변경한다.

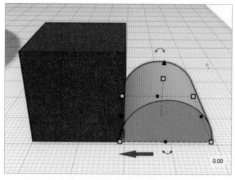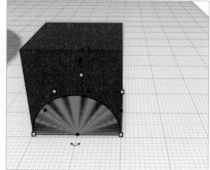

㉚ [원형 지붕] 쉐이프를 선택하고 위쪽 화살표를 화살표 방향으로 드래그하여 [20.00mm] 이동한다.

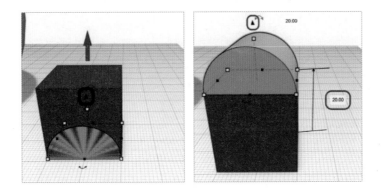

㉛ [상자]와 [원형 지붕] 쉐이프를 모두 선택한 후 상단 메뉴에서 [그룹화]를 클릭한다.

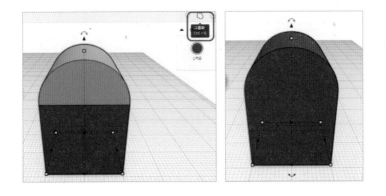

㉜ 31번에서 그룹화한 쉐이프를 선택하고 꼭짓점 핸들을 드래그하여 수치를 변경한다. [25.00mm, 10.00mm, 34.00mm]

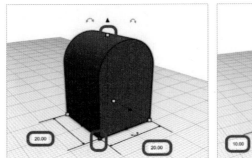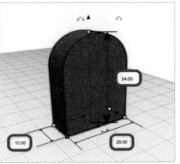

㉝ [기본 쉐이프]에서 [원형 지붕] 쉐이프를 [작업 평면] 드래그한다. [원형 지붕]의 꼭짓점 핸들을 클릭하여 수치 [25.00mm, 50.00mm, 10.00mm]를 입력하여 크기를 변형한다.

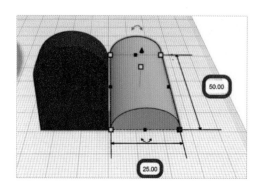

㉞ 그림의 두 쉐이프들을 선택하고 [정렬] 버튼을 클릭한다. 그림과 동일하게 정렬 핸들 점을 클릭하여 쉐이프들을 정렬한다.

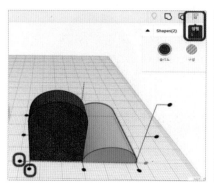
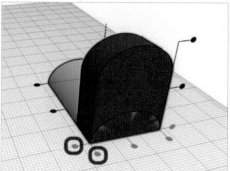

㉟ 정렬한 두 쉐이프를 선택하고 [그룹화] 버튼을 클릭한다.

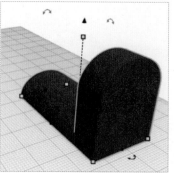

㊱ 그림과 같이 그룹화한 쉐이프를 클릭하고 회전 핸들 화살표를 드래그하여 [−90°] 회전한다.

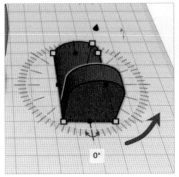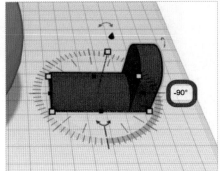

㊲ [기본 쉐이프]에서 [구멍 상자]를 드래그하여 그림과같이 작업 평면에 올려놓는다.

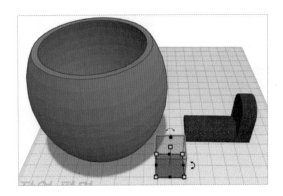

㊳ [구멍 상자] 쉐이프를 선택하고 [회전 화살표]를 화살표 방향으로 드래그하여 [−30°] 회전한다.

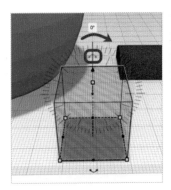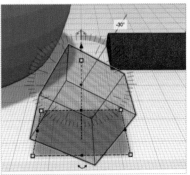

❸❾ [구멍 상자] 쉐이프를 선택하고 측면 점 핸들을 드래그하여 그림처럼 세로의 길이를 변형한다.

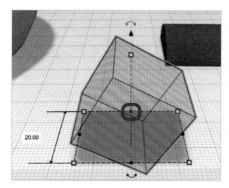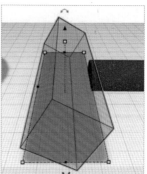

❹⓪ [구멍 상자]를 선택하고 드래그하여 그림과 동일한 위치로 이동한다.

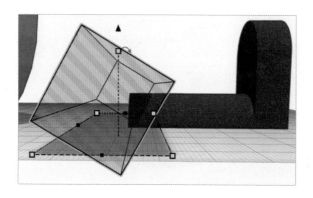

❹❶ 그림과 같이 두 쉐이프를 선택하고 [그룹화] 버튼을 클릭한다.

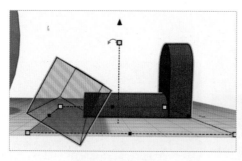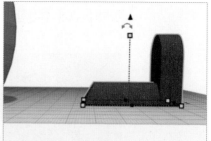

㊷ [홈 뷰] 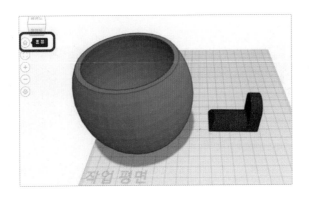 버튼을 클릭한다.

㊸ 두 쉐이프를 선택하고 [정렬]버튼을 클릭한다. 그림과 같이 왼쪽 중앙의 정렬 핸들을 클릭한다

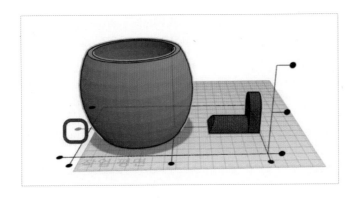

㊹ [구] 쉐이프와 연결되도록 화살표 방향으로 선택된 쉐이프를 이동한다.

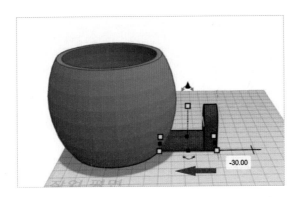

㊺ 그림과 같이 동일한 쉐이프를 선택하고 회전 화살표를 클릭한다. [Alt]키를 누르고 회전 화살표를 화살표 방향으로 [90°] 회전 복사한다.

그림과 같이 튀어나온 부분이 보이지 않도록 위치를 맞추어 이동한다.

㊻ 회전 복사된 쉐이프를 드래그하여 그림과 동일한 위치로 이동한다.

㊼ 모든 쉐이프를 선택하고 [그룹화]버튼을 클릭한다.

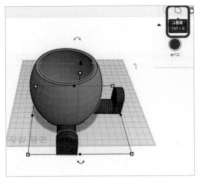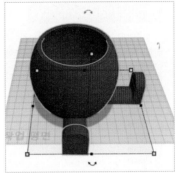

㊽ 쉐이프를 선택하고 솔리드 설장창에서 색을 변경한다.

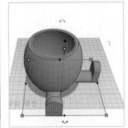

㊾ 화분 모델링이 완성되었다.

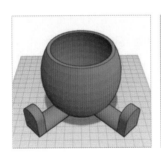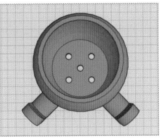

3.7 | 꽃병 디자인

❶ 쉐이프 찾기

카테고리의 [SHAPE GENERATORS/쉐이프 생성기]에서 [모두]를 클릭한다.
[모두] 13번 페이지에서 [자르기] 쉐이프를 선택한다.

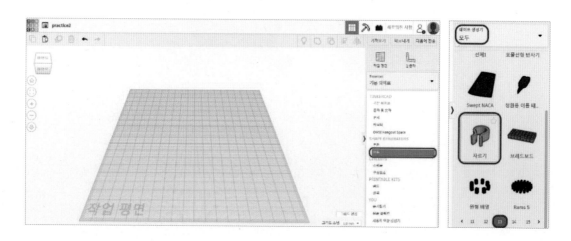

❷ [자르기] 쉐이프를 작업평면에 올려놓고, [선택한 쉐이프에 뷰 맞춤] 버튼을 클릭한다.

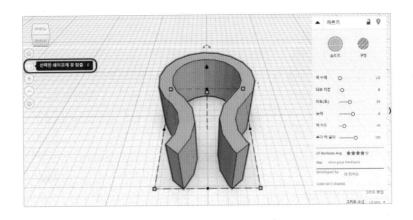

❸ [자르기] 쉐이프를 선택하고 회전 화살표를 화살표 방향으로 [180°] 회전한다.

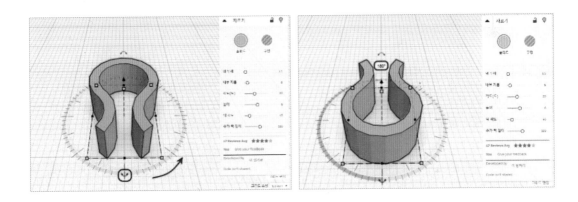

❹ [자르기] 쉐이프 설정창에서 [벽 두께:5, 내부 지름:50, 각도:5, 높이:10, 턱 각도:45, 추가 턱길이:135] 로 수치를 변경한다.

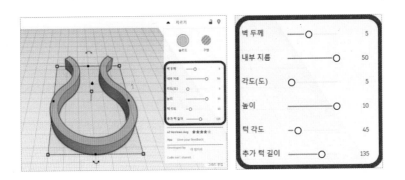

❺ [자르기] 쉐이프를 선택하고 그림에서와 같이 회전 화살표를 드래그하여
화살표 방향으로 [90°] 회전한다.

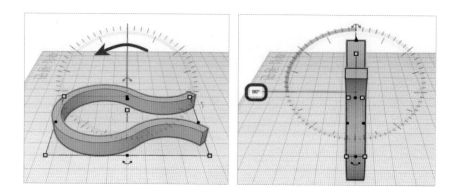

❻ [홈 뷰] 버튼을 클릭하여 기본 화면으로 돌아온다.

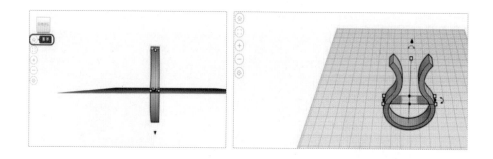

❼ [자르기] 쉐이프를 선택하고 위쪽 이동 화살표를 화살표 방향으로 드래그
하여, 쉐이프를 작업평면 위에 올려놓는다.

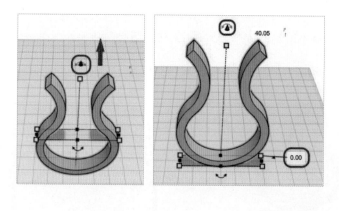

⑧ [자르기] 쉐이프를 선택 후, Ctrl+D 키를 눌러 제자리 복사하고 회전 화살표를 화살표 방향으로 [−15°] 드래그한다. 쉐이프를 회전한 후 반복적으로 Ctrl+D 단축키를 누르면 반복 복사가 진행된다.

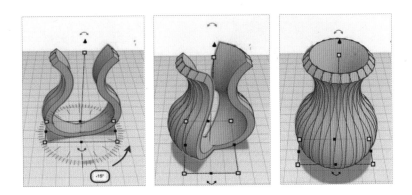

⑨ 복사된 [자르기]쉐이프들을 모두 선택하고 [그룹화]버튼을 클릭한다.

⑩ [기본 쉐이프] 에서 [원통] 쉐이프를 드래그하여 작업 평면에 올려놓는다.

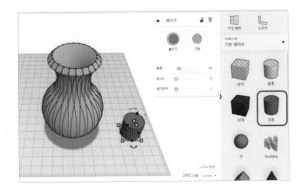

⑪ [원통] 쉐이프를 선택하고, [Shift + Alt] 키를 누른 상태에서 꼭짓점 핸들을 드래그하여 [32.00mm, 32.00mm, 4.00mm] 크기로 변경한다.

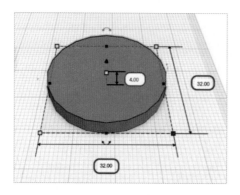

⑫ [자르기] 쉐이프와 [원통] 쉐이프를 선택하고, [정렬] 버튼을 클릭한다. 왼쪽과 앞쪽 중앙의 정렬 핸들을 클릭하여 중앙 정렬한다.

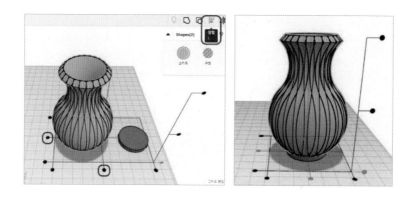

⑬ 두 쉐이프를 선택하고 [그룹화] 버튼을 클릭한다.

⑭ 항아리 모델링이 완성되었다.

3.8 | 앵그리버드 달걀 스탠드 디자인

Project Introduction

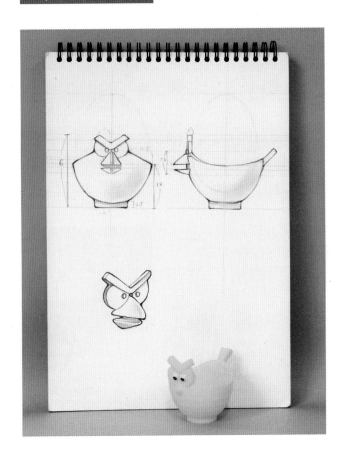

❶ [기본 쉐이프]에서 [구] 쉐이프를 드래그하여 작업 평면에 올려놓고 꼭짓점 핸들을 드래그하여 [54.00mm, 54.00mm, 54.00mm]로 크기를 변경한다.

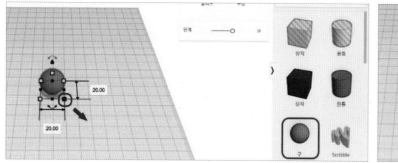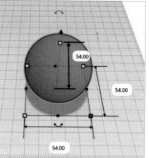

❷ [구] 쉐이프를 선택하고 설정창에서 [투명]을 선택한다.

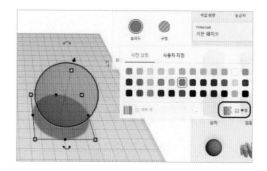

❸ [구] 쉐이프를 선택하고 [Duplicate and repeat] 버튼을 클릭한 후 [Shift +Alt] 키를 누르고 꼭짓점 핸들을 드래그하여 [50.00mm, 50.00mm, 50.00mm]로 크기를 변경한다.

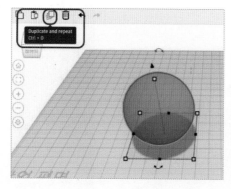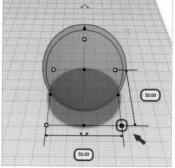

❹ 안쪽의 구 쉐이프만 선택된 상태에서 위쪽 핸들 화살표를 드래그하여 화살표 방향으로 [2.00mm] 이동한다.

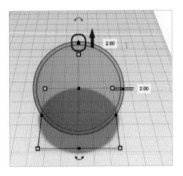

❺ 전체 쉐이프를 선택하고 위쪽 점 핸들을 드래그하여 높이를 [65.00mm]로 변경한다.

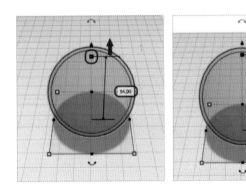

❻ 모든 쉐이프를 선택하고 [Shift]키를 누르고 화살표 방향으로 드래그하여 작업평면의 한쪽 부분으로 이동시켜놓는다. 그리고 [기본 쉐이프]에서 [구] 쉐이프를 하나 더 추가한다.

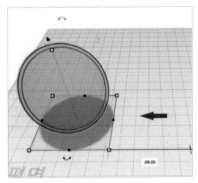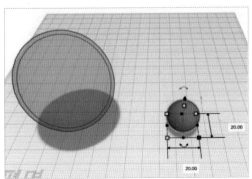

❼ 모든 쉐이프를 선택하고 [정렬] 버튼을 클릭한 후 왼쪽과 오른쪽 중앙 점 핸들을 클릭하여 중앙 정렬한다.

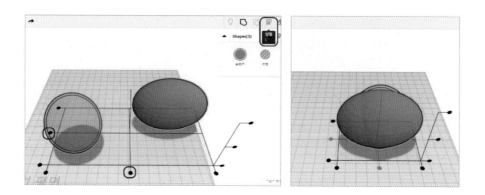

❽ 새로 불러온 구 쉐이프를 선택하고 위쪽 이동 핸들을 드래그하여 화살표 방향으로 [30.00mm] 이동한다.

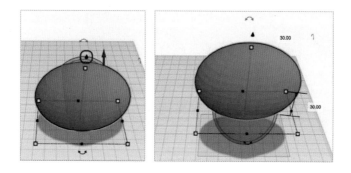

❾ 이동 시킨 쉐이프를 선택하고 [구멍] 버튼을 클릭한다.

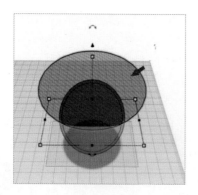

⑩ 전체 쉐이프를 선택하고 설정창에서 [편집 잠금] 버튼을 클릭한다.

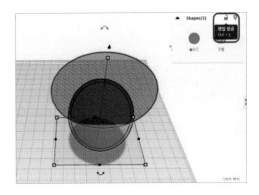

⑪ 구 쉐이프들 전체를 선택하고 드래그하여 이동 시킨 후, [기본 쉐이프]에서 [상자] 쉐이프를 드래그하여 작업 평면에 올려놓는다.

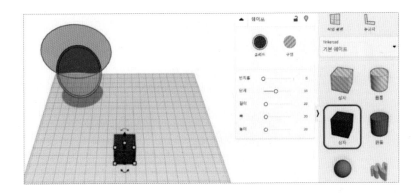

⑫ [상자] 쉐이프를 선택 후 그림에 표시된 점 핸들들을 화살표 방향으로 드래 그하여 [15.00mm, 5.00mm, 5.00mm] 크기로 변경한다.

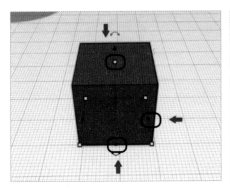
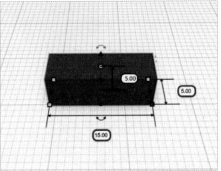

⑬ [상자] 쉐이프를 선택하고 그림과 같이 회전 화살표를 화살표 방향으로 드래그하여 [30°] 회전한다.

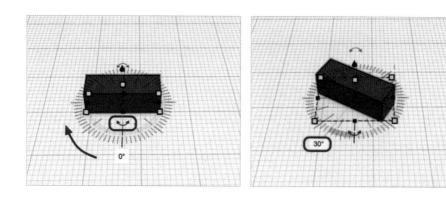

⑭ [상자] 쉐이프를 선택하고 [Duplicate and repeat] 버튼을 클릭한 후 [대칭] 버튼을 클릭한다.

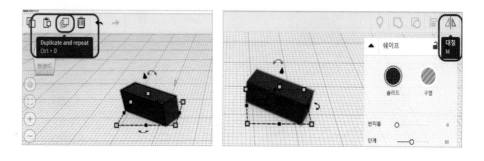

⑮ [대칭] 버튼 클릭 후 좌우 대칭 화살표를 클릭하여 대칭 복사를 한다.

⑯ 복사된 쉐이프를 선택 후 [Shift] 키를 누르고 드래그하여 그림과 같은 위치로 이동시킨 다음 [상자] 쉐이프를 모두 선택하고 [그룹화] 버튼을 클릭한다.

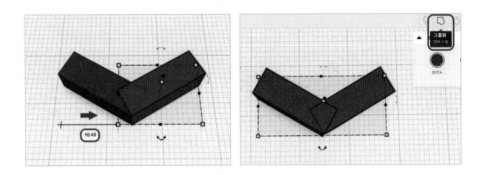

⑰ [기본 쉐이프]에서 [원통] 쉐이프를 그림과 같은 위치에 드래그하여 올려놓고 꼭짓점 핸들을 드래그하여 [15.00mm, 15.00mm, 4.00mm] 로 크기를 변경한다.

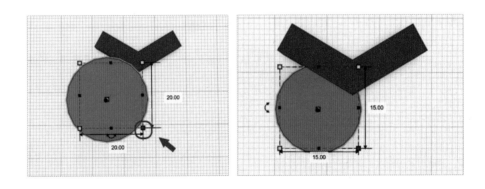

⑱ [원통] 쉐이프를 선택후 [Shift+Alt] 키를 누르고 드래그하여 그림과 같이 이동복사한다.

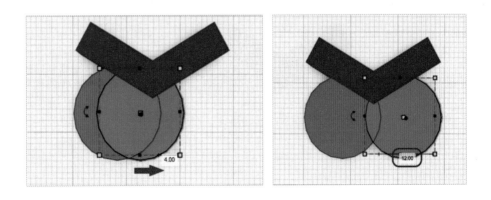

⑲ [상자] 쉐이프와 [원통] 쉐이프의 색상을 변경한다. 각 쉐이프 선택후 설정 창에서 변경할 색을 클릭한다.

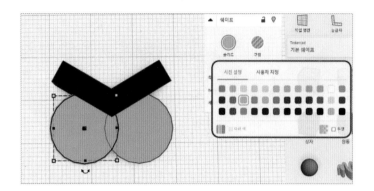

⑳ [상자] 쉐이프와 [원통] 쉐이프들을 선택후 [그룹화] 버튼을 클릭한다.

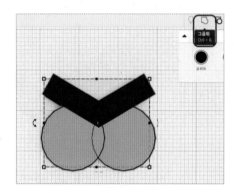

㉑ [그룹화] 진행 후 설정창에서 [여러색]을 선택하여 그룹 내 모든 색상을 표시한다.

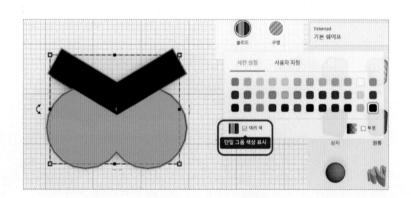

㉒ [기본 쉐이프]에서 [피라미드] 쉐이프를 드래그하여 작업 평면에 올려놓은 후 회전 핸들을 화살표 방향으로 드래그하여 [45°] 회전한다.

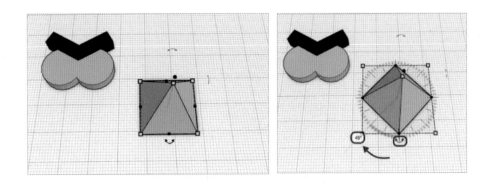

㉓ [기본 쉐이프]에서 [구멍 상자]를 드래그하여 그림과 같이 놓고 오른쪽 점 핸들을 화살표 방향으로 드래그하여 크기를 변경한다.

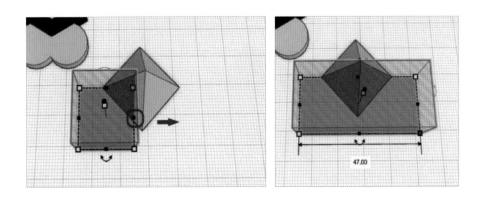

㉔ [피라미드] 쉐이프와 [구멍 상자] 쉐이프를 선택하고 [그룹화] 버튼을 클릭한다.

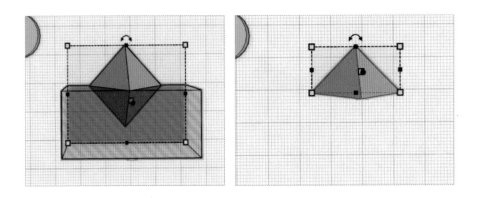

㉕ [피라미드] 쉐이프를 선택하고 각 점 핸들을 드래그하여 [10.00mm, 8.00mm, 10.00mm]크기로 변경한다.

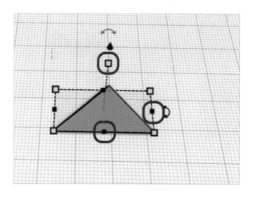

㉖ [피라미드] 쉐이프 선택하고 드래그하여 [원통]쉐이프 주변에 올려놓는다. [상자]와 [원통], [피라미드] 쉐이프를 선택하고 [정렬] 버튼을 클릭한다.

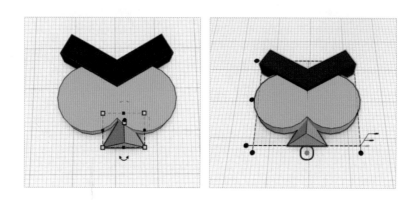

㉗ [피라미드] 쉐이프를 선택하고 [Duplicate and repeat] 버튼을 눌러 제자리 복사한다. 제자리 복사 후 [정렬] 버튼을 클릭하고 그림과 같은 위치로 이동한다.

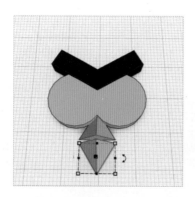

㉘ [상자], [원통], [피라미드] 쉐이프를 선택하고 [그룹화] 버튼을 클릭한다.

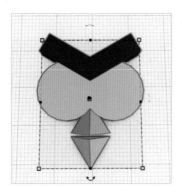

㉙ [구] 쉐이프들을 선택하고 드래그하여 위치를 이동한다.

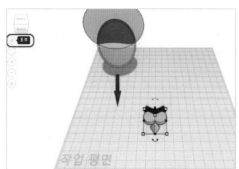 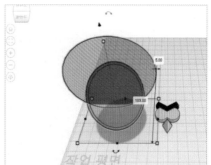

㉚ 그룹 쉐이프를 선택하고 회전 화살표를 화살표 방향으로 [90°] 드래그한다.

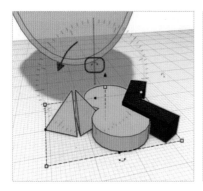 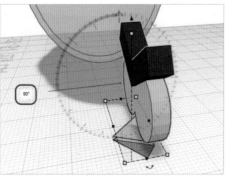

㉛ [구] 쉐이프들을 선택하고 [Shift]키를 누르고 바깥쪽 [구] 쉐이프를 클릭해서 안쪽 [구] 쉐이프만 선택한다.

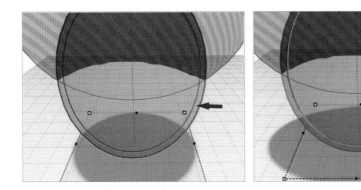

㉜ 안쪽 [구] 쉐이프만 선택하고 [구멍]을 클릭한다.

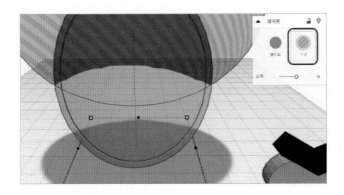

㉝ 그룹 쉐이프를 선택하고 위치를 이동한 후 전체 쉐이프를 선택하고 [정렬] 버튼을 클릭한다. 앞쪽 중앙 점 핸들을 클릭하여 정렬한다.

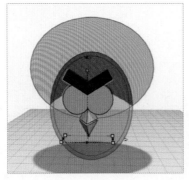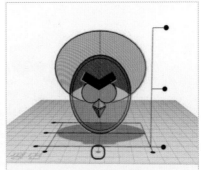

㉞ 그림과 같이 두 개의 구 쉐이프들을 선택하고 [그룹화] 버튼을 클릭한다.

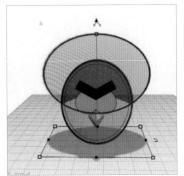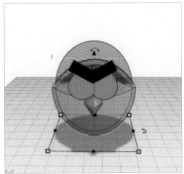

㉟ [기본 쉐이프]에서 [원통] 쉐이프를 드래그하여 작업 평면에 불러온 후 [25.00mm, 25.00mm, 5.00mm]로 크기를 변경하고 드래그하여 위치를 이동한다.

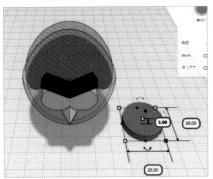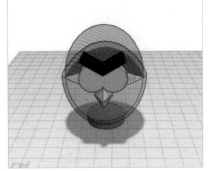

㊱ [기본 쉐이프]에서 [상자] 쉐이프를 드래그하여 작업 평면에 불러온 후 설정창에서 [반지름:2] 변경한다.

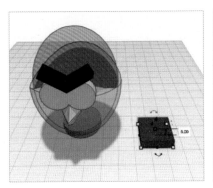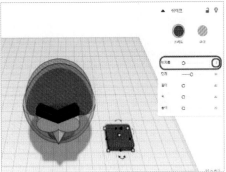

③ [기본 쉐이프]에서 [구멍 상자]를 드래그하여 작업 평면에 그림과 같은 위치에 올려놓는다. [구멍 상자] 쉐이프 선택 후 점 핸들을 드래그하여 크기를 변경한다.

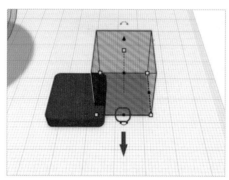
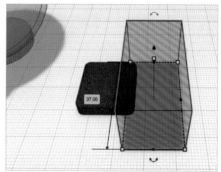

③ [구멍 상자]에서 회전 화살표를 드래그하여 [10°] 회전한다.

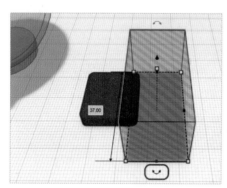
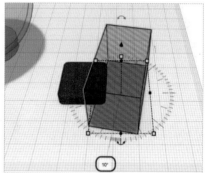

③ [구멍 상자]를 선택 후 [Ctrl+D] 버튼을 클릭하여 제자리 복사한다. [정렬] 버튼을 클릭 하고 정렬 화살표를 클릭하여 드래그한다.

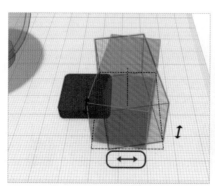
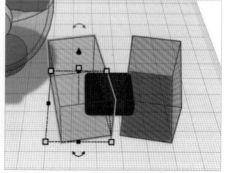

⓵ 두 개의 [구멍 상자]를 선택하여 위치를 조정한 후 [그룹화] 버튼을 클릭한다.

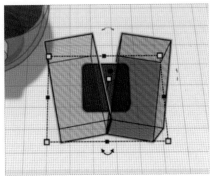 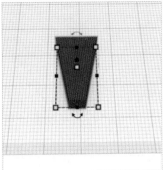

⓶ [상자] 쉐이프를 선택하고 드래그하여 그림과 같은 위치로 이동한 후 회전 핸들을 드래그하여 [45°] 회전한다.

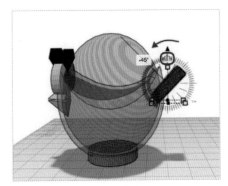 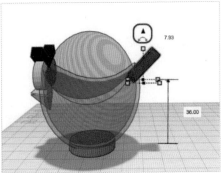

⓷ 모든 쉐이프를 선택하고 [정렬]버튼을 클릭후 앞쪽 가운데 정렬 핸들을 클릭하여 정렬한다.

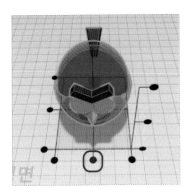

⑬ 모든 쉐이프를 선택하고 [그룹화]를 클릭한다.

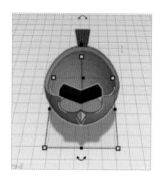

⑭ 앵그리버드 달걀 스탠드가 완성되었다.

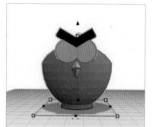  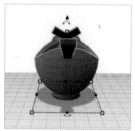

3.9 | 연필 꽂이 디자인1

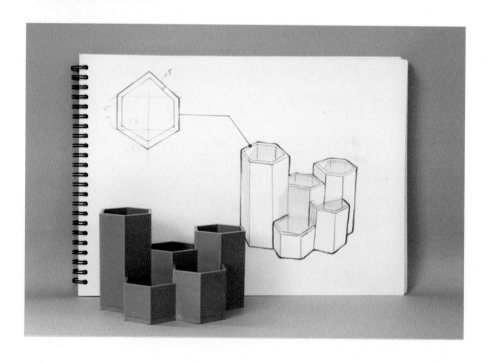

① 쉐이프 찾기

오른쪽 [기본 쉐이프]에서 [폴리곤] 쉐이프를 찾아 마우스 포인트를 올린다.

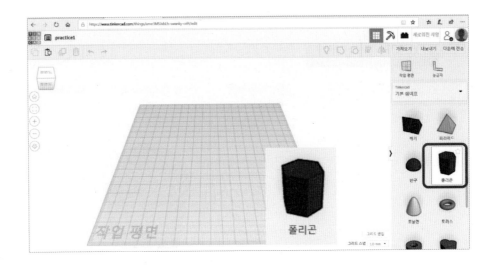

② 쉐이프 추가하기

[폴리곤]쉐이프를 드래그하여 [작업평면]에 올려놓는다.

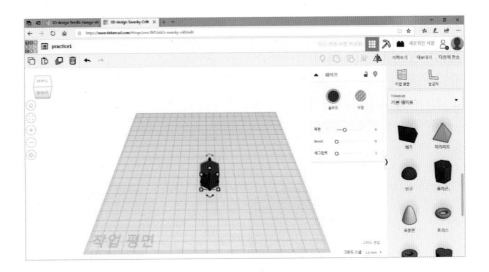

❸ 선택 대상 확대

작업평면 위의 [폴리곤]을 선택하고 [선택한 쉐이프에 뷰 맞춤] 버튼을 클릭해서 화면에 맞춤한다.

 선택한 쉐이프에 뷰 맞춤 F

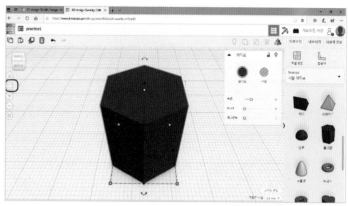

TIP [폴리곤]을 선택하고 F 단축키를 사용하여 선택 맞춤 보기를 할 수 있다.

❹ 쉐이프 회전

[폴리곤]을 선택하고 [회전 화살표]를 드래그하여 화살표 방향으로 [−30.0°] 회전한다.

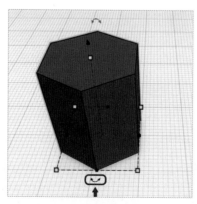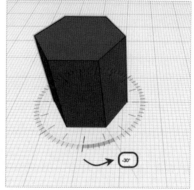

❺ 쉐이프 크기 수정

[폴리곤]쉐이프를 선택하고 Shift키를 누르고 꼭짓점 핸들을 화살표 방향으로
드래그하여 [50.00mm, 43.30mm] 크기로 변경한다.

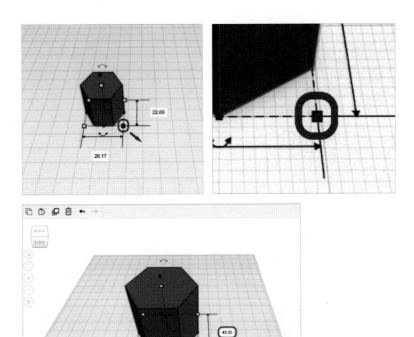

❻ 제자리 복사

[폴리곤] 선택 후 [Duplicate and repeat] 버튼을 누르고 제자리 복사를 한다.

TIP [폴리곤]선택 후 Ctrl+D 단축키를 이용하여
제자리 복사를 할 수 있다.

❼ 제자리 복사 후 크기 조절

복사된 폴리곤을 화살표 방향으로 5mm 끌어올린다.

 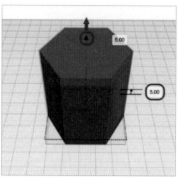

❽ 위로 5mm이동된 폴리곤을 선택 후 모서리 점 핸들을 클릭한 후 수치를 입력하여 크기를 조절한다. [50mm×43.30mm]를 [45mm×39.69mm]로 수치를 변경한다.

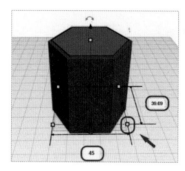

TIP [Shift+Alt]를 동시에 누른 상태에서 모서리 점 핸들을 이동 시키면 같은 비율로,같은 위치에서 크기를 조절할 수 있다.

❾ 복사된 폴리곤의 위쪽 점 핸들을 클릭하여 폴리곤의 높이 45.00mm를 80.00mm로 수치를 변경한다.

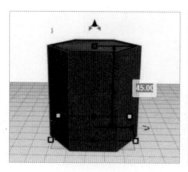 

⑩ 복사된 폴리곤을 선택 후 [구멍]버튼을 클릭한다.

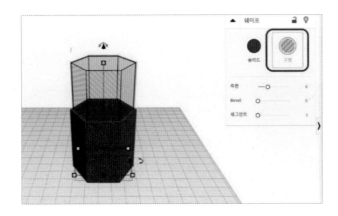

⑪ 두 폴리곤을 모두 선택한 다음 [Duplicate and repeat] 🗗 버튼을 클릭하여 제자리 복사한다.

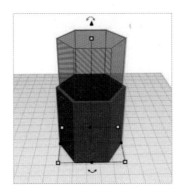

⑫ 복사된 폴리곤을 선택한 다음 Shift키를 누른 상태에서 화살표방향으로 각각 [-21.65], [34] 만큼 이동시킨다.

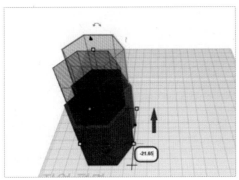 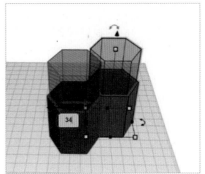

⑬ 이동복사 된 상태에서 한번 더 Ctrl+D 단축키를 누르면, 앞선 과정이 자동으로 반복되어 복사된다. 세번째 폴리곤 그룹이 생성되었다.

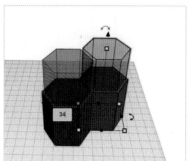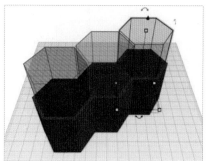

⑭ 아래 그림과 같이 두 그룹의 폴리곤들을 선택하여 [Duplicate and repeat] 버튼을 클릭 제자리 복사를 한다.

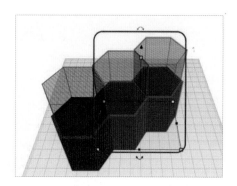

⑮ 14에서 제자리 복사된 두 그룹의 폴리곤들을 화살표 방향으로 [40mm]만큼 끌어 이동시킨다.

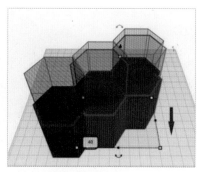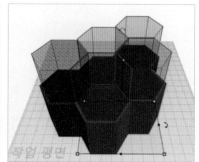

⑯ 각각의 폴리곤들의 크기를 변경한다.

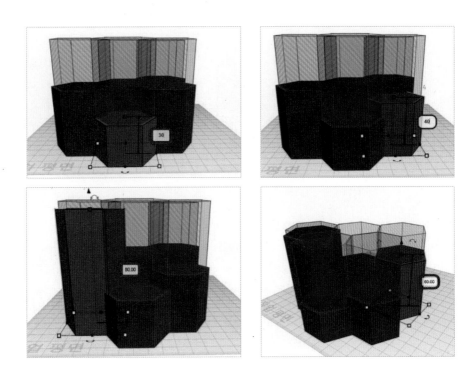

⑰ 아래 그림과 같이 첫번째 그룹의 폴리곤과 폴리곤구멍을 선택한 후 그룹화 버튼을 클릭한다.

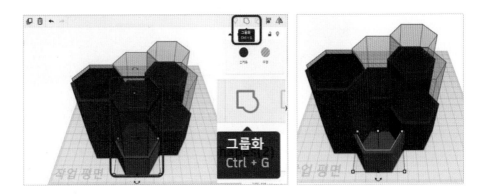

⑱ 17번과 같은 방법으로 순서대로 폴리곤을 선택한 후 그룹화한다.

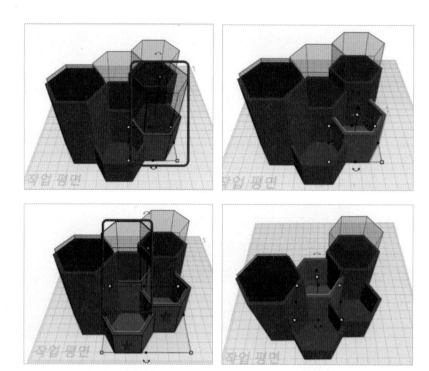

박스 표시된 폴리곤들과 별표 표시된 폴리곤들을 함께 선택한 후 그룹화한다.

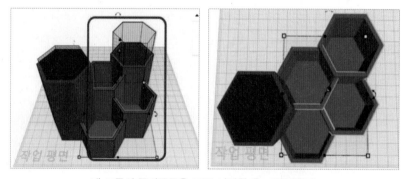

네 그룹의 폴리곤들을 모두 선택한 후 그룹화한다.

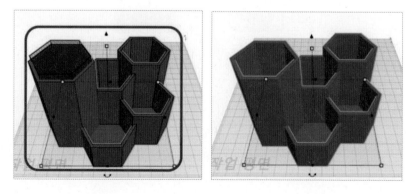

⑲ 완성된 연필통을 선택 후 솔리드 버튼을 클릭하여 색을 지정한다.

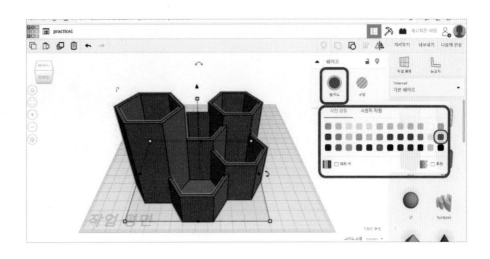

3.10 | 연필 꽂이 디자인2

Project Introduction

❶ 카테고리의 [쉐이프 생성기-모두]에서 7번째 페이지의 [꼬인 폴리곤] 쉐이프를 드래그하여 작업 평면에 올려놓는다.

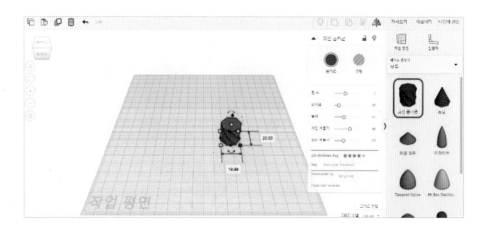

❷ [꼬인 폴리곤] 쉐이프를 선택하고 설정창에서 옵션을 변경한다.
[점수:4, 반지름:10, 하단 비틀기:45, 상단 비틀기:-45]

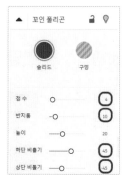

❸ [꼬인 폴리곤] 쉐이프를 선택하고 꼭짓점 핸들을 드래그하여 [100.00mm, 100.00mm, 100.00mm] 크기로 변경한다.

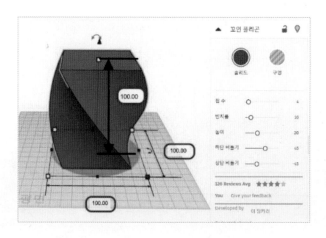

❹ [꼬인 폴리곤] 쉐이프를 선택하고 설정창에서 [투명]으로 변경한다.

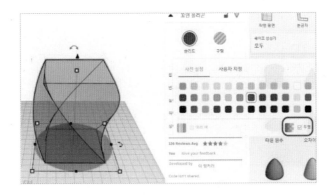

❺ [꼬인 폴리곤] 쉐이프 선택하고 [Ctrl+D] 키를 누르고 제자리 복사한다. 제자리 복사 후 설정창에서 [구멍]을 클릭한다.

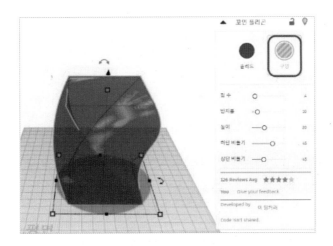

❻ 복사된 쉐이프만 선택하고 꼭짓점 핸들을 화살표 방향으로 드래그하여 [94.00mm, 94.00mm]로 크기를 변경한다.

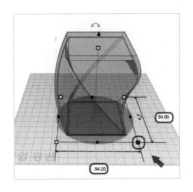

⑦ 복사된 쉐이프만 선택후 위쪽 이동 화살표를 화살표 방향으로 [4.00mm] 드래그하여 이동한다.

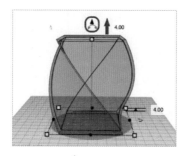

⑧ [기본 쉐이프]에서 [구멍 상자] 쉐이프를 선택하고 작업 평면에 올린 후 크기를 변경하고 위쪽 이동 화살표를 드래그하여 위로 [90.00mm]이동한다. 구멍 상자 쉐이프를 이동 후 모든 쉐이프를 선택하고 [그룹화] 버튼을 클릭한다.

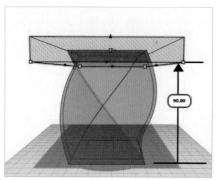 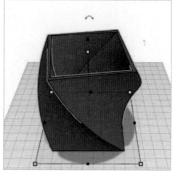

⑨ [기본 쉐이프]의 [상자] 쉐이프를 선택하여 작업 평면에 올리고 그림과 같이 회전 화살표를 화살표 방향으로 [45°] 회전한다.

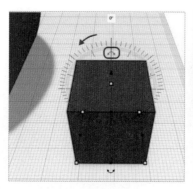 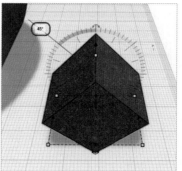

⑩ 회전 상자 쉐이프의 크기를 [10.00mm, 20.00mm, 15.00mm]로 변경한다.

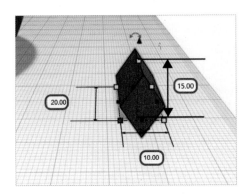

⑪ 회전 상자 쉐이프를 선택한 후 앞과 뒤쪽 가운데 점 핸들들을 드래그하여 길이를 변경한다. [꼬인 폴리곤] 쉐이프를 관통하도록 [120.00mm]보다 크게 변경한다. 길이 변경 후 [구멍]을 클릭한다.

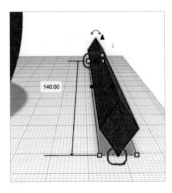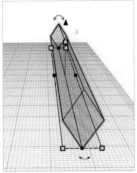

⑫ [구멍 상자] 쉐이를 드래그하여 [꼬인 폴리곤] 쉐이프의 적당한 위치에 놓는다.

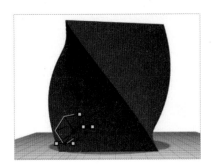

⑬ [구멍 상자] 쉐이프를 선택하고 [Shift+Alt] 키를 누른 상태에서 드래그하여 이동 복사를 2회 한다. 이동 복사된 구멍 쉐이프들을 모두 선택하고 [그룹화] 버튼을 클릭하여 한 그룹으로 만든 다음 그림과 같이 회전 화살표를 화살표 방향으로 [20°] 회전한다.

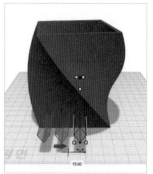 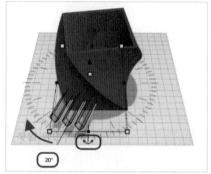

⑭ 회전 후 [꼬인 폴리곤] 쉐이프와의 위치를 알맞게 조절한다.

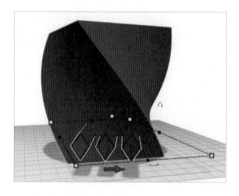

⑮ 그룹 구멍 쉐이프들을 선택 후 [Alt] 키를 누르고 회전 화살표를 화살표 방향으로 드래그하여 [90°] 이동 복사한다.

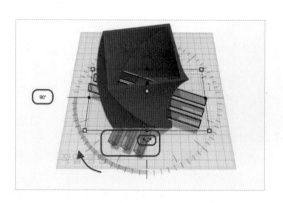

⑯ 모든 구멍 쉐이프들을 선택해서 [그룹화] 버튼을 클릭하고 [Ctrl+D] 키를 누르고 위쪽 이동 화살표를 위로 이동 시킨후 그림의 화살표 방향으로 [20°] 회전 복사한다.

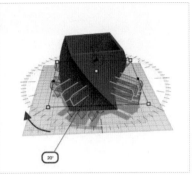

⑰ [Ctrl+D] 키를 2회 반복하여 누르면 구멍 쉐이프들이 반복 복사된다.

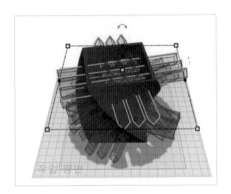

⑱ 모든 쉐이프들을 선택하고 [그룹화] 버튼을 클릭하여 연필통을 완성한다.

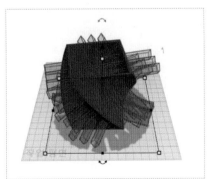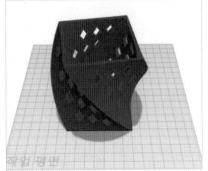

눈사람 램프 디자인

Project Introduction

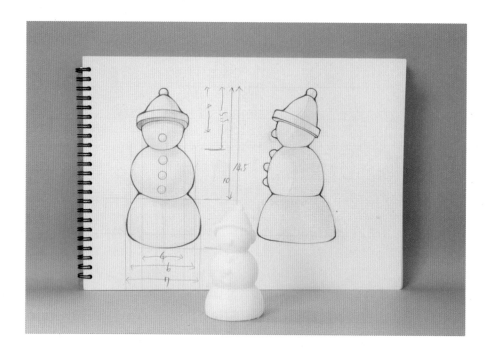

🔘 [기본 쉐이프]에서 [구] 쉐이프를 드래그하여 작업 평면에 올려놓은 후 크기를 [50.00mm, 50.00mm, 50.00mm]로 변경하고 설정창에서 [투명]을 선택한다.

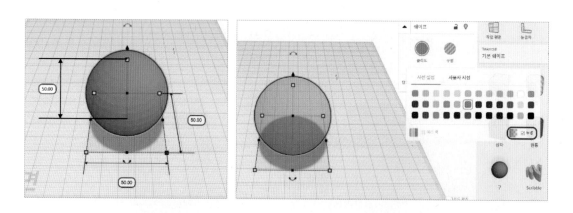

🔘 [구] 쉐이프를 선택하고 [Ctrl+D] 키를 눌러 제자리 복사 후 그림과 같이 꼭짓점 핸들을 화살표 방향으로 드래그하여 [46.00mm, 46.00mm, 46.00mm]

로 크기를 변경한다. 크기 변경 된 구 쉐이프의 설정창에서 [구멍] 버튼을 클릭하여 [구멍 구]로 변경한다.

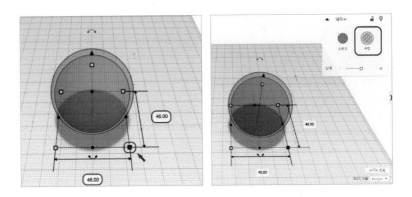

❸ [구] 쉐이프들을 선택하고 [정렬]버튼을 클릭 후 가운데 정렬 점들을 클릭하여 중앙 정렬한다.

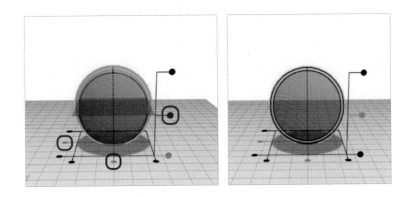

❹ 모든 쉐이프를 선택하고 [Ctrl+D] 키를 눌러 제자리 복사후 그림과 같이 위쪽 이동 화살표를 화살표 방향으로 드래그하여 [35.00mm] 이동한다.

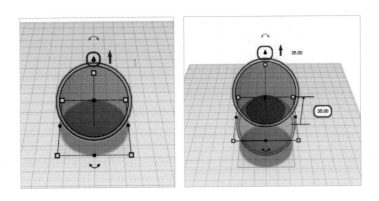

❺ 복사 후 이동된 구 쉐이프들을 선택 후 꼭짓점 핸들을 화살표 방향으로 드래그하여 크기를 [40.00mm, 40.00mm, 40.00mm]로 변경한다.

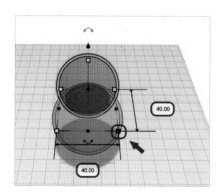

❻ 같은 방법으로 복사된 구 쉐이프들을 선택하고 [Ctrl+D] 키를 눌러 제자리 복사 후 위쪽 이동 화살표를 화살표 방향으로 드래그하여 [75.00mm] 이동한다. 이동 된 구 쉐이프들의 꼭짓점 핸들을 화살표 방향으로 드래그하여 [30.00mm, 30.00mm, 30.00mm]로 크기를 변경한다.

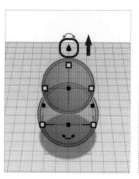
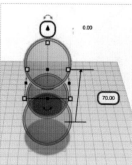
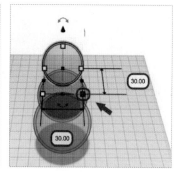

❼ 모든 쉐이프를 선택하고 [그룹화] 버튼을 클릭한다. 그룹 쉐이프를 선택하고 위쪽 이동 화살표를 화살표 방향으로 [−20.00mm] 드래그하여 이동한다.

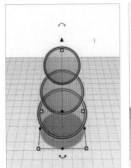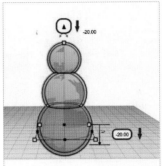

❽ [기본 쉐이프]에서 [구멍 상자]를 드래그하여 작업 평면에 올려놓은 후 크기를 변경하고 위쪽 이동 화살표를 화살표 방향으로 드래그하여 [−20.00mm] 이동한다. 모든 쉐이프를 선택하고 [그룹화] 버튼을 클릭한다.

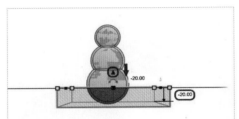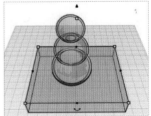

❾ 카테고리의 [모두]의 3페이지에 있는 [타이어] 쉐이프를 드래그하여 작업 평면에 올려놓고 설정창에서 [구멍 지름:30, 두께:5, 높이:5, 모서리 반지름:1] 수치를 변경한다.

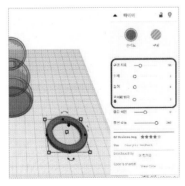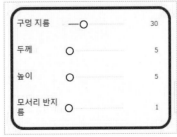

⑩ [기본 쉐이프]에서 [포물면]을 선택하여 작업 평면에 올리고 크기를 [32.00mm, 32.00mm, 20.00mm]로 변경한다. 크기 변경 후 [타이어]와 [포물면] 쉐이프를 선택해 [정렬] 버튼을 클릭하여 왼쪽 가운데와 앞쪽 가운데 점 핸들을 클릭하여 중앙 정렬한다.

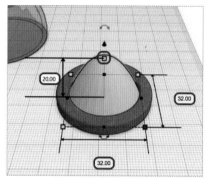
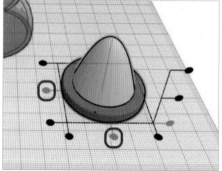

⑪ [포물면] 쉐이프를 선택하고 설정창에서 [투명] 버튼을 클릭한다. 투명 쉐이프를 선택 후 [Ctrl+D] 키를 눌러 제자리 복사하고 [구멍] 버튼을 클릭한다.

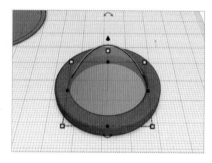
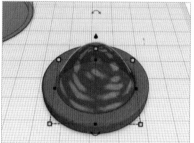

⑫ [구멍 포물면] 쉐이프의 꼭짓점 핸들을 그림과 같은 화살표 방향으로 드래그하여 [28.00mm, 28.00mm]로 크기를 변경하고, 위쪽 이동 화살표를 화살표 방향으로 [−2.00mm] 드래그하여 이동한다.

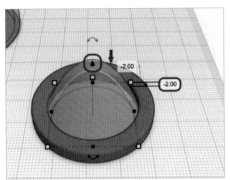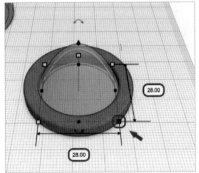

⑬ [포물면] 쉐이프들과 [타이어] 쉐이프를 선택하고 [그룹화] 버튼을 클릭한다.

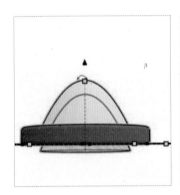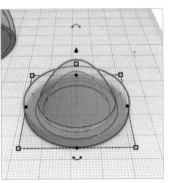

⑭ 그룹 포물면 쉐이프를 선택하고 [투명]을 해제한다. 그룹 쉐이프의 위쪽 이동 화살표를 화살표 방향으로 그래그하여 이동한다.

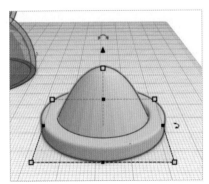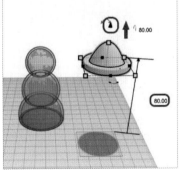

⑮ 쉐이프들을 선택하고 중앙 정렬 후 모자의 위치를 조절한다.

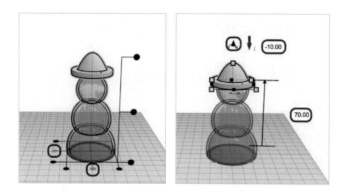

⑯ 그룹 포물면 쉐이프와 그룹 구 쉐이프들의 위치를 맞춘다.

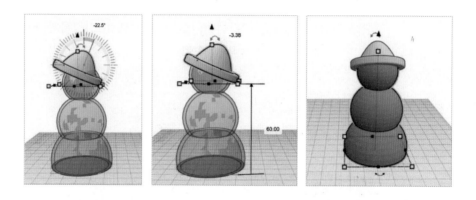

⑰ [기본 쉐이프]에서 [구] 쉐이프를 드래그하여 작업 평면에 올린 후 크기를 [6.00mm, 6.00mm, 6.00mm]로 변경한다.

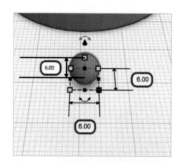

⑱ 작은 구 쉐이프의 이동 화살표를 화살표 방향으로 이동 시켜 위치를 잡아
준다.

⑲ 18번의 구 쉐이프를 선택하고 [Shift+Alt] 키를 누른 채 이동 화살표를 드
래그하여 이동 복사후 그림과 같은 위치에 구 쉐이프들을 위치한다.

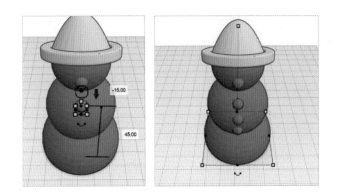

⑳ 전체 쉐이프를 선택하고 [그룹화] 버튼을 클릭한다.

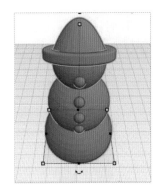

㉑ [작업 평면] 버튼을 클릭하고 대상 위치에 작업평면 이미지를 올린다.

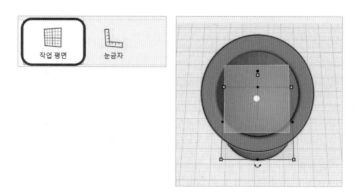

㉒ 변경된 작업 평면의 위치에 [기본 쉐이프]의 [구] 쉐이프를 드래그하여 놓고 크기를 변경한다.

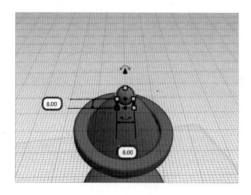

㉓ 원래의 작업 평면으로 돌아오기 위해서는 [작업 평면] 버튼을 선택하고 그림과 같이 새작업 평면 공간에 드래그한다.

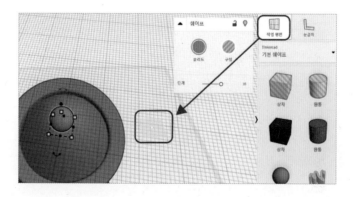

㉔ 전체 쉐이프를 드래그하여 앞쪽 가운데 점 핸들을 클릭하여 가운데 정렬한다.

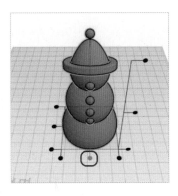

㉕ 그룹 포물면 위의 구 쉐이프를 선택하여 위치를 정한다.

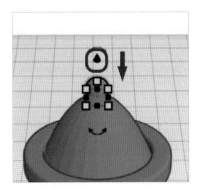

㉖ 전체 쉐이프를 선택하고 [그룹화] 버튼을 클릭하여 눈사람 모델을 완성한다.

Project Introduction

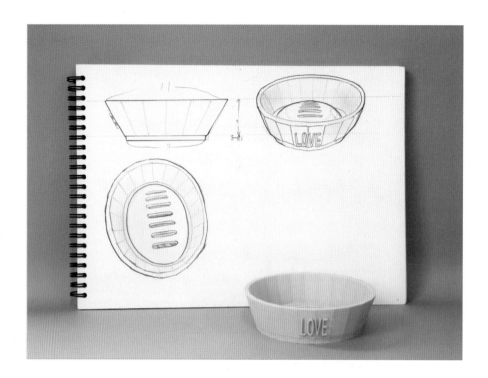

① [기본 쉐이프]에서 [원추] 쉐이프를 드래그하여 작업 평면위에 올려놓는다.

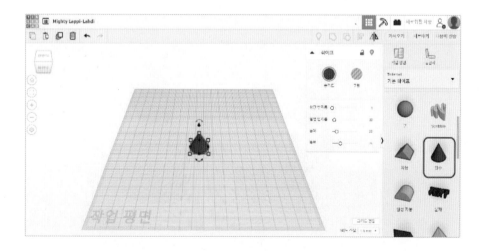

❷ [원추] 쉐이프를 선택하고 설정창에서 [상단 반지름: 55, 밑면 반지름: 45, 높이: 30]을 입력하여 크기를 변경한다.

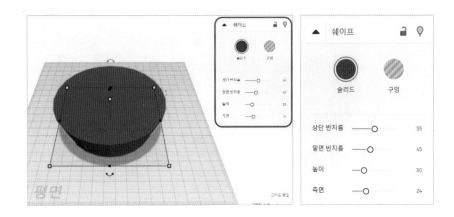

❸ [원추] 쉐이프의 [상단 반지름]과 [밑면 반지름]을 설정한 후 [110.00mm, 130.mm]로 크기를 변경한다.

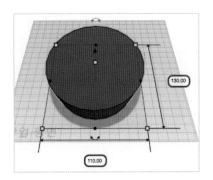

❹ 카테고리의 [문자 및 숫자]에서 [문자] 쉐이프를 선택하고 작업 평면에 드래그한다.

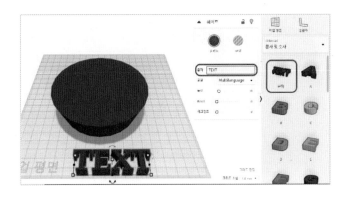

❺ [문자] 쉐이프의 문자 입력 설정창에 원하는 글자를 입력하고 원하는 글꼴로 변경한다.

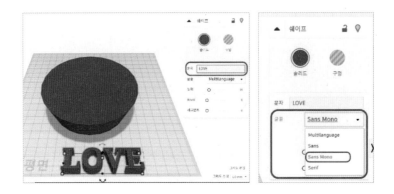

❻ 입력한 [문자] 쉐이프를 선택하고 꼭짓점 점 핸들을 화살표 방향으로 드래그하거나 수치 입력창에 직접 수치를 입력하여 크기를 [20.00mm, 15.00mm, 30.00mm]로 변경한다.

❼ [문자] 쉐이프를 선택하고 [우측면도] 뷰박스를 클릭한다. 그림과 같이 회전 화살표를 화살표 방향으로 [90°] 드래그한다.

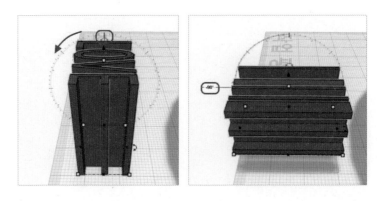

❽ [홈 뷰] 버튼을 클릭한 후 [문자] 쉐이프를 드래그하여 그림과 같이 원추 쉐이프에 일부만 밀어넣는다.

❾ 모든 쉐이프를 선택하고 [정렬] 버튼을 클릭한 후 앞 쪽 가운데 점 핸들을 클릭하여 가운데 정렬한다.

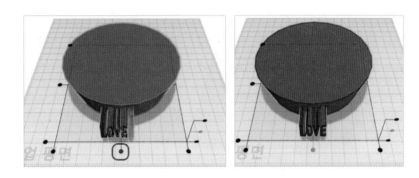

❿ [원추] 쉐이프를 선택하고 [Ctrl+D] 키를 눌러 제자리 복사 후 [구멍]을 선택한다. 구멍 쉐이프를 [113.00mm, 135.00mm, 30.00mm]의 크기로 변경한다.

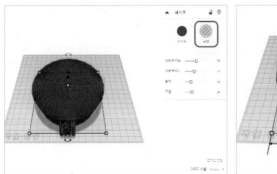
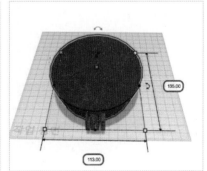

⑪ [원추] 쉐이프들을 선택하고 [정렬] 버튼을 클릭 한 후 왼쪽 가운데 와 앞쪽 가운데 점 핸들을 클릭하여 중앙 정렬한다.

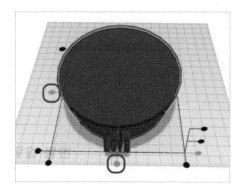

⑫ [기본 쉐이프]에서 [상자] 쉐이프를 드래그하여 작업 평면에 올려놓은 후 모든 쉐이프를 포함하도록 크기를 변경한다. 높이는 [30.00mm]로 변경한다.

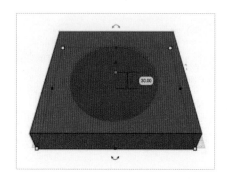

⑬ [구멍 원추] 쉐이프와 [상자] 쉐이프를 선택하고 [그룹화] 버튼을 클릭한다. 그룹화 후 [상자] 쉐이프를 선택하고 [구멍]버튼을 클릭한다.

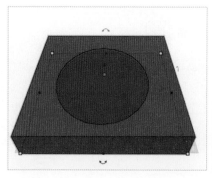 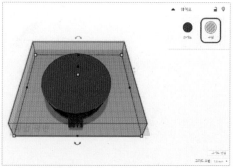

⓮ [문장] 쉐이프와 [구멍 상자] 쉐이프를 그림과 같이 드래그하여 두 쉐이프만 선택하고 [그룹화] 버튼을 클릭한다.

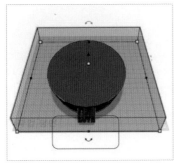 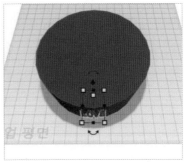

⓯ [원추] 쉐이프를 선택하고 [Ctrl+D]키를 눌러 제자리 복사 후 [구멍] 버튼을 클릭한다. [구멍 원추] 쉐이프의 위쪽 이동 화살표를 화살표 방향으로 [5.00mm] 이동한다.

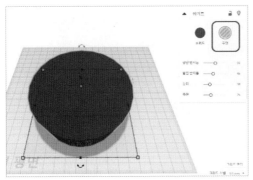 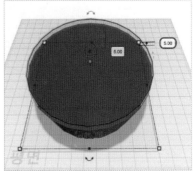

⓰ [구멍 원추] 쉐이프를 선택한 후 [105.00mm, 125.00mm]로 크기를 변경한다.

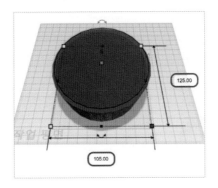

⑰ 모든 쉐이프를 선택하고 [그룹화] 버튼을 클릭한다.

⑱ [기본 쉐이프] 에서 [구] 쉐이프를 선택하고 크기를 [80.00mm, 100.00mm, 20.00mm]로 변경한다.

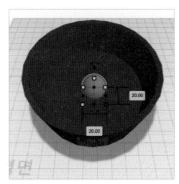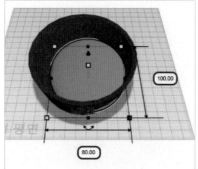

⑲ [구] 쉐이프를 선택하고 위쪽 이동 화살표를 화살표 방향으로 [-7.00mm] 이동한다.

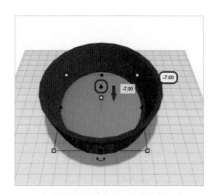

㉠ [구]와 [원추] 쉐이프를 선택하고 [정렬]버튼을 클릭한 후 왼쪽과 앞쪽 가운데 점 핸들을 클릭하여 중앙 정렬한다.

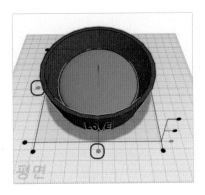

㉑ [구] 쉐이프를 선택하고 [Ctrl+D] 키를 눌러 제자리 복사 후 [구멍] 버튼을 클릭하여 [구멍 구] 를 생성한다. [구멍 구] 쉐이프의 위쪽 이동 핸들을 화살표 방향으로 [−5.00mm] 이동한다.

㉒ 모든 쉐이프를 선택하고 [그룹화] 버튼을 클릭한다.

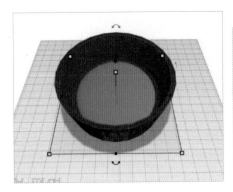

㉓ [기본 쉐이프]에서 [원통] 쉐이프를 선택하여 작업 평면에 올려놓은 후 크기를 [5.00mm, 5.00mm, 20.00mm] 로 변경한다.

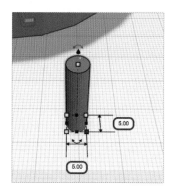

㉔ [원통] 쉐이프를 선택하고 그림과 같은 바향의 [회전] 화살표를 선택한 후 화살표 방향으로 [90°] 회전한다.

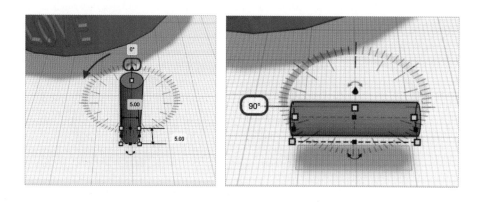

㉕ [원통] 쉐이프를 선태하고 그림과 같이 가로의 크기를 [30.00mm]로 변경한다.

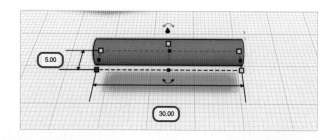

㉖ [원통] 쉐이프를 선택한 후 위쪽 이동 핸들을 화살표 방향으로 드래그하여 작업 평면에 올려놓는다..

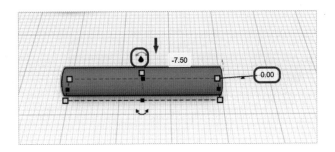

㉗ [기본 쉐이프]에서 [구] 쉐이프를 드래그하여 작업 평면에 올려놓은 후 [5.00mm, 5.00mm, 5.00mm] 로 크기를 변경한다.

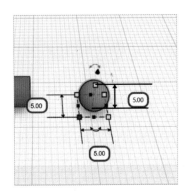

㉘ [구] 쉐이프를 드래그하여 그림과 같이 원통 쉐이프의 끝에 배치한다.

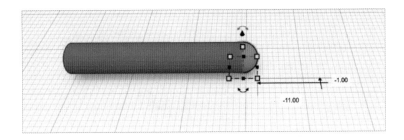

㉙ [구] 쉐이프를 선택한 후 [Alt] 키를 누르면서 화살표 방향으로 드래그하여 이동복사한다.

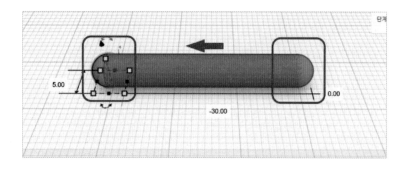

㉚ [원통] 쉐이프와 [구] 쉐이프들을 선택한 후 [그룹화] 버튼을 클릭한다.

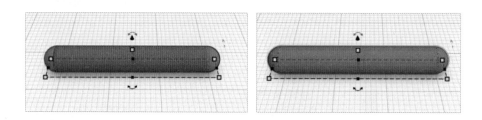

㉛ 그룹 원통 쉐이프를 선택하고 그림과 같이 원추 쉐이프 위로 드래그한 후 [정렬] 버튼을 클릭한다. 앞쪽 가운데 점 핸들을 클릭하여 정렬한다.

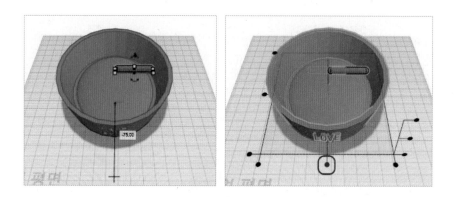

㉜ 그룹 원통 쉐이프를 선택하고 위쪽 점 핸들을 드래그하여 높이의 수치를 [20.00mm]로 변경한다.

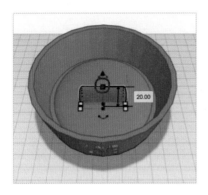

㉝ 그룹 원통 쉐이프 선택 후 위쪽 이동 화살표를 드래그하여 [원추] 쉐이프를 관통하도록 조절한다.

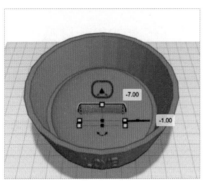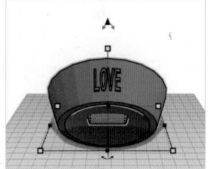

㉞ 그룹 원통 쉐이프를 선택하고 [구멍] 버튼을 클릭한다.

㉟ 구멍 그룹 원통 쉐이프를 선택하고 [Ctrl+D] 키를 눌러 제자리 복사 후 [Shift] 키를 누른 채 드래그하여 [10.00mm] 이동한다. 그 상태에서 [Ctrl+ D] 키를 반복적으로 누르며 반복 복사 한다.

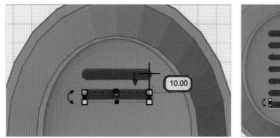 

㊱ 모든 쉐이프를 선택하고 [그룹화] 버튼을 클릭한다.

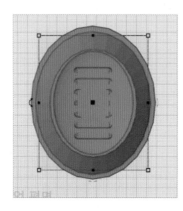 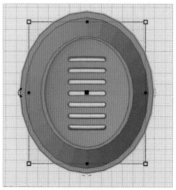

㊲ 비누 받침대가 완성되었다.

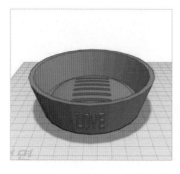 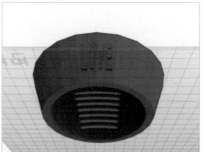

에펠타워 디자인

Project Introduction

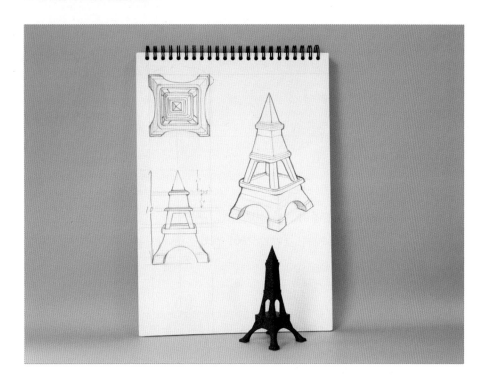

① [기본 쉐이프]의 [피라미드] 쉐이프를 선택하여 작업 평면에 올리고 크기를 [20.00mm, 20.00mm, 40.00mm]로 변경한다.

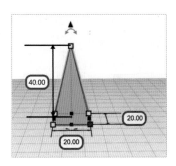

❷ [기본 쉐이프]의 [원통] 쉐이프를 선택 후 작업 평면에서 회전 화살표를 화살표 방향으로 [90°] 드래그하여 회전한다. 회전 후 위쪽 점 핸들을 화살표 방향으로 [60.00mm] 드래그하여 크기를 변경한다.

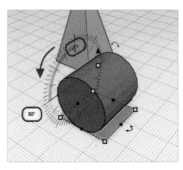 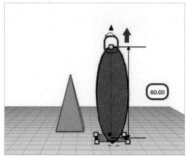

❸ [원통] 쉐이프를 선택하고 [구멍] 버튼을 클릭한 후 [피라미드] 쉐이프 방향으로 이동시켜 그림과 같이 겹치도록 위치를 정한다.

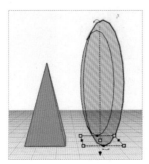 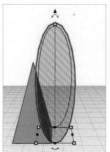

❹ [구멍 원통] 쉐이프를 선택한 후 [Shift+Alt] 키를 누르고 [24.00mm] 이동복사한다. 구멍 원통 쉐이프들을 선택하고 [그룹화] 버튼을 클릭한다.

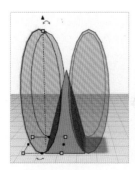 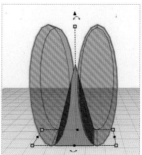

⑤ 모든 쉐이프를 선택하고 [정렬] 버튼을 클릭한 후 왼쪽과 앞쪽 가운데 정렬점을 클릭하여 중앙 정렬한다.

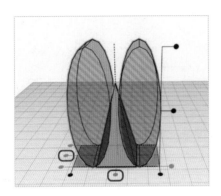

⑥ 그룹 구멍 원통을 선택한 후 [Alt] 키를 누르고 회전 화살표를 화살표 방향으로 [90°] 드래그하여 회전 복사한다. 모든 쉐이프를 선택하고 [그룹화] 버튼을 클릭한다.

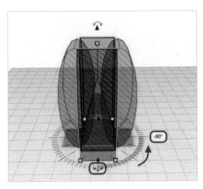 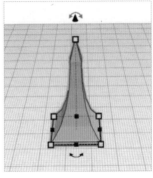

❼ [Shift + Alt]키를 누른 상태에서 [피라미드] 쉐이프의 꼭짓점 핸들을 화살표 방향으로 드래그하여 균일한 비율로 크기를 변경한다. [30.00mm, 30.00mm, 60.00mm]로 변경한다.

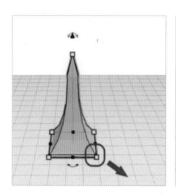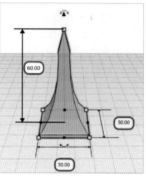

❽ [기본 쉐이프]에서 [원형 지붕] 쉐이프를 선택하고 작업 평면에서 가운데 점 핸들을 드래그하여 길이를 변경한다. 길이를 변경하고 [구멍] 버튼을 클릭한다.

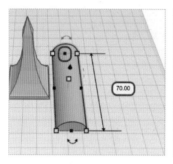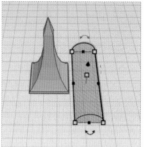

❾ [원형 지붕] 과 [피라미드] 쉐이프를 선택하고 [정렬] 버튼을 클릭하여 중앙 정렬한다. 정렬 후 [Alt]키를 누르고 회전 화살표를 화살표 방향으로 [90°] 회전 복사한다.

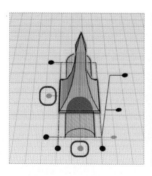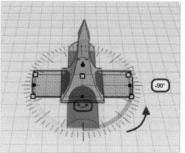

⑩ 모든 쉐이프를 선택하고 [그룹화] 버튼을 클릭한다.

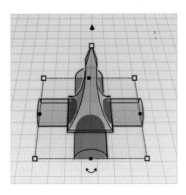

⑪ [기본 쉐이프]에서 [구멍 상자]와 [구멍 원통] 쉐이프를 선택하고 작업 평면에 올린 후 구멍 원통의 회전 화살표를 드래그하여 [90°] 회전한다.

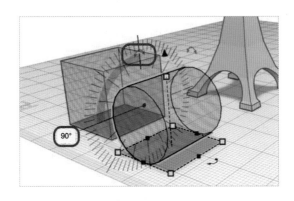

⑫ [구멍 원통] 쉐이프의 위쪽 이동 화살표를 화살표 방향으로 [10.00mm] 드래그하여 이동한다.

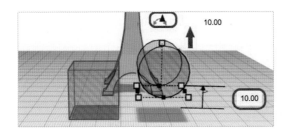

⑬ 구멍 상자와 구멍 원통 쉐이프를 선택하고 [정렬] 버튼을 클릭하여 중앙 정렬한 다음 [그룹화] 버튼을 클릭한다.

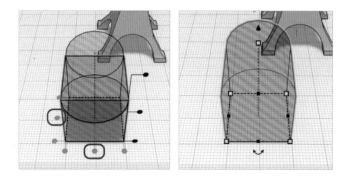

⑭ 그룹 구멍 쉐이프의 크기를 변경한다. [피라미드] 쉐이프의 사이즈에 맞추어 크기를 조절한다.

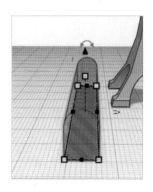

⑮ 그룹 구멍 쉐이프의 위쪽 이동 화살표를 드래그하여 위로 [17.00mm] 이동하고 [피라미드] 쉐이프에 맞추어 크기를 [6.00mm, 70.00mm, 10.00mm]로 변경한다.

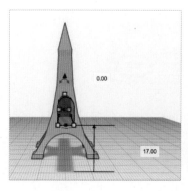
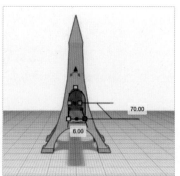

⑯ 모든 쉐이프를 선택하고 [정렬] 버튼을 클릭하여 중앙 정렬하고 그룹 구멍 쉐이프의 회전 화살표를 [Alt]키를 누른채 [90°] 드래그하여 회전 복사한다.

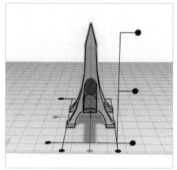 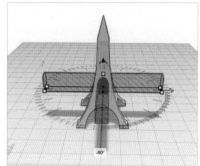

⑰ 모든 쉐이프를 선택하고 [그룹화] 버튼을 클릭한다.

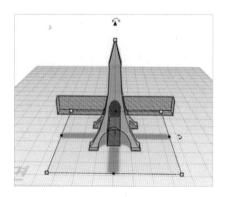

⑱ [기본 쉐이프]에서 [상자] 쉐이프를 선택하여 작업 평면에 올린 후 높이를 [10.00mm]로 변경하고 위쪽 이동 화살표를 드래그하여 위로 [13.00mm] 이동한다.

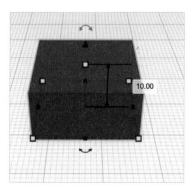 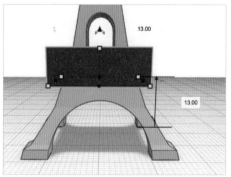

⑲ 모든 쉐이프 선택 후 [정렬] 버튼을 클릭하여 중앙 정렬한다. 정렬 후 [상자] 쉐이프를 선택하고 [Shift+Alt] 키를 누르고 꼭짓점 핸들을 화살표 방향으로 드래그하여 크기를 [피라미드] 쉐이프에 맞추어 크기를 변경한다.

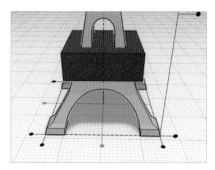 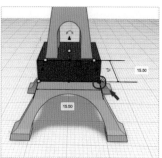

⑳ 상자 쉐이프의 높이를 [4.00mm]로 크기를 변경한다.

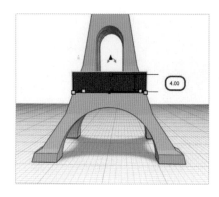

㉑ [상자] 쉐이프를 선택하고 [Shift+Alt] 키를 누른채 위쪽 이동 화살표를 화살표 방향으로 드래그하여 이동 복사한다.

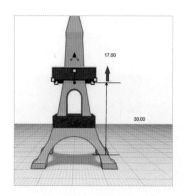

㉒ 이동 복사한 상자 쉐이프의 크기도 [Shift+Alt] 키를 누르고 꼭짓점 핸들을 화살표 방향으로 드래그하여 조절한다.

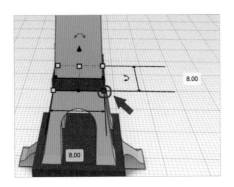

㉓ 두 번째 상자 쉐이프를 선택하고 [Shift+Alt] 키를 누른채 위쪽 이동 화살 표를 드래그하여 그림과 같은 위치에 이동 복사하여 세 번째 [상자] 쉐이프를 위치한다.

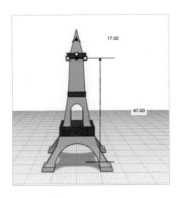

㉔ 세 번째 상자 쉐이프를 선택하고 [Alt]키를 누르고 위쪽 이동 화살표를 위 로 드래그하여 이동 복사 후 그림과 같이 크기를 변경한다.

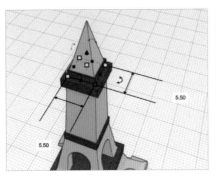

㉕ 모든 쉐이프를 선택하고 [그룹화] 버튼을 클릭하면 에펠탑이 완성된다.

TIP
[Shift+Alt] 키를 누른 상태에서 에펠탑의 꼭짓점 핸들을 드래그하면 크기를 같은 비율로 변경 가능하다.

Project Introduction

① 그리드 편집하기

오른쪽 하단에 있는 [그리드 편집] 버튼을 클릭하여 그리드 폭과 길이 설정을
변경한다. [폭 : 500, 길이 : 500 (단위:mm)]

❷ [기본 쉐이프]에서 [구멍 상자] 쉐이프를 드래그하여 작업 평면에 올려놓고 크기를 [60.00mm, 30.00mm, 20.00mm]로 변경한다. 크기 변경 후 그림과 같이 회전화살표를 화살표 방향으로 [−15°] 드래그하여 회전한다.

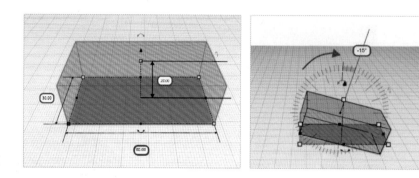

❸ [구멍 상자] 선택 후 [Ctrl+D] 키를 누르고 제자리 복사 후 [대칭] 버튼을 클릭한다. 좌우 대칭 화살표를 선택하여 구멍 상자를 좌우 대칭 복사한다.

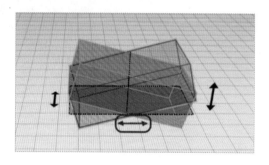

❹ 대칭 복사된 [구멍 상자] 쉐이프를 그림과 같이 드래그하여 [−160mm] 이동한다.

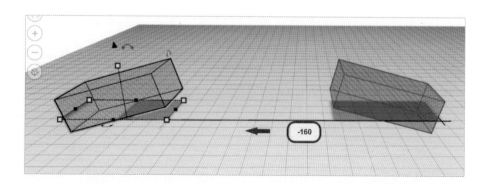

❺ 두 [구멍 상자] 쉐이프를 선택하고 [그룹화] 버튼을 선택한다.

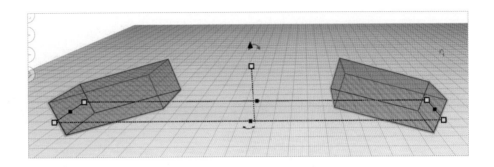

❻ 그룹 쉐이프를 선택하고 [Ctrl+D] 키를 눌러 제자리 복사 후, 회전 화살표를 그림과 같이 화살표 방향으로 [30°] 회전하여 복사한다. [Ctrl+D] 키를 반복적으로 눌러 12개의 구멍 상자를 배열한다.

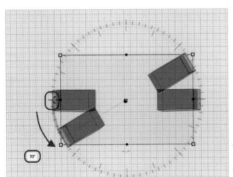 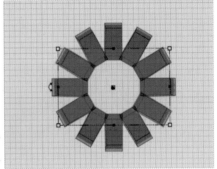

❼ 모든 [구멍 상자] 쉐이프들을 선택하고 [그룹화] 버튼을 클릭한다.

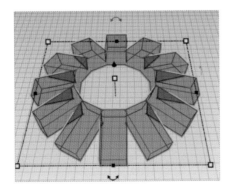

❽ [기본 쉐이프]에서 [구] 쉐이프를 선택해 작업 평면에 올려놓고 크기를 [160.00mm, 160.00mm, 20.00mm]로 변경한다. 크기 변경 후 모든 쉐이프를 선택하고 [정렬] 버튼을 클릭하여 중앙 정렬한다.

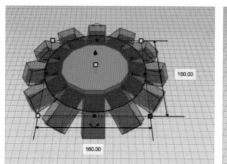 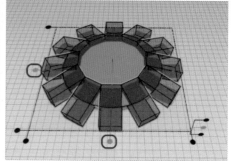

❾ [그룹 구멍 상자] 쉐이프를 선택하고 설정창에서 [편집 잠금] 버튼을 클릭한다.

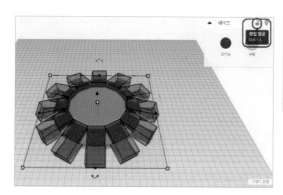 

⑩ 카테고리의 [문자 및 숫자]의 [문자] 쉐이프를 선택하고 설정창이 뜨면 문자 입력란에 숫자를 입력한다. [숫자(3, 6, 9, 12) : 크기 25.00mm, 30.00mm, 30.00mm]

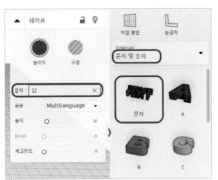 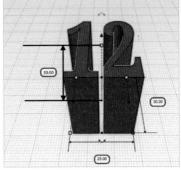

⑪ [숫자 3, 6, 9, 12] 각 숫자를 입력 후 크기를 [25.00mm, 30.00mm, 30.00mm]로 변경하고 그림과 같은 위치에 배치한다.

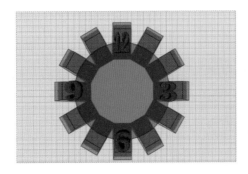

⑫ [12와 6], [9와 3]을 각각 [구] 쉐이프와 함께 선택 후 정렬 버튼을 클릭하여 가운데 정렬을 한다.

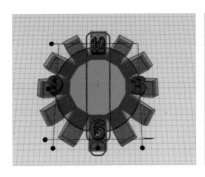 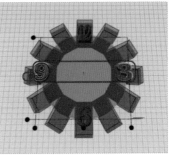

⑬ [문자 및 숫자]의 [문자] 쉐이프 선택 후 설정창에 숫자 1을 다시 입력하고 크기를 [15.00mm, 20.00mm, 30.00mm]로 변경하고 그림과 같이 위치를 잡아 준다.

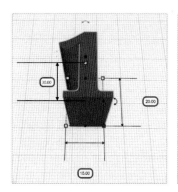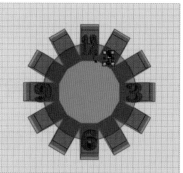

⑭ 숫자 2,4,5,7,8,10,11 도 각각 설정창의 문자 입력란에 입력 후 같은 크기 15.00mm, 20.00mm, 30.00mm로 변경하고 위치를 정한다..

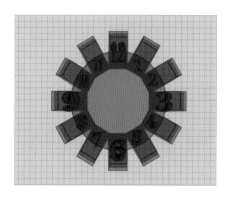

⑮ [11과 1] 쉐이프를 선택하고 [정렬] 버튼을 클릭하여 위치를 정한다. 같은 방법으로 [10과 2], [8과 4], [7과 5]를 각각 선택 후 정렬 버튼을 클릭하여 위치를 정한다.

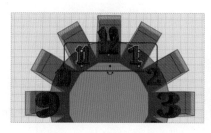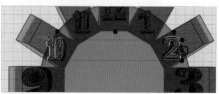

⑯ 모든 숫자들의 위치를 정한 후 [구] 쉐이프를 선택하고 구 쉐이프 위쪽 이동 화살표를 화살표 방향으로 드래그하여 [−10.00mm] 이동한다.

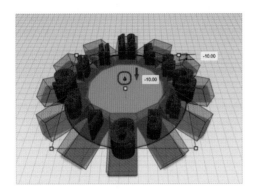

⑰ [그룹 구멍 상자] 쉐이프를 선택 하고 [편집 잠금 해제] 버튼을 클릭하여 잠금을 해제한다.

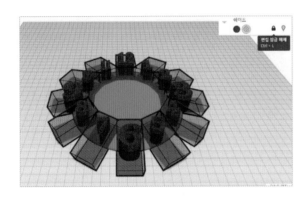

⑱ 잠금 해제 한 [그룹 구멍 상자] 쉐이프를 선택 후 위쪽 이동 화살표를 화살표 방향으로 드래그하여 [15.00mm] 위로 이동한다.

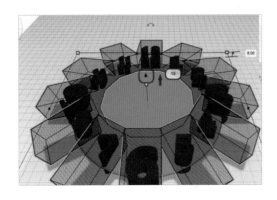

⑲ 모든 쉐이프를 선택하고 [그룹화] 버튼을 클릭한다.

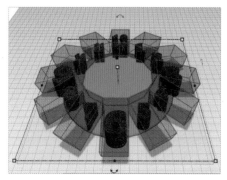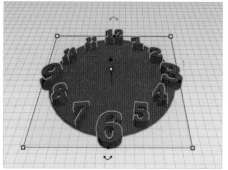

⑳ [기본 쉐이프]에서 [구멍 상자] 쉐이프를 드래그하여 작업 평면에 올린 후 가운데 핸들 점들을 드래그하여 구 쉐이프를 포함하도록 크기를 변경한다.

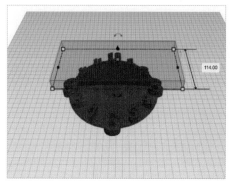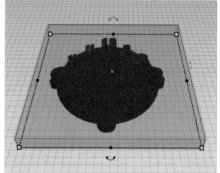

㉑ [구멍 상자] 쉐이프를 선택하고 위쪽 이동 화살표를 화살표 방향으로 드래그하여 [−20.00mm] 이동한다.

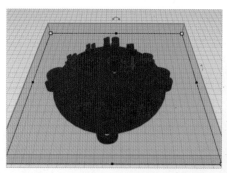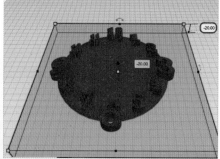

㉒ 모든 쉐이프를 선택하고 [그룹화] 버튼을 클릭한다.

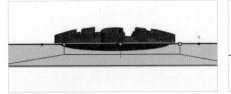

㉓ [기본쉐이프]에서 [구멍 원통] 쉐이프를 드래그하여 그룹 구 쉐이프의 가운데에 올려놓는다. 모두 선택하고 [정렬] 버튼을 클릭하여 중앙 정렬한다.

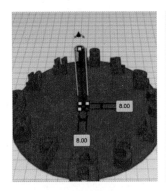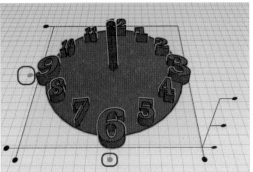

㉔ 모든 쉐이프를 선택하고 [그룹화] 버튼을 클릭한다.

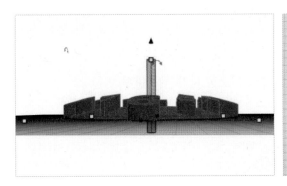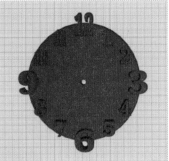

㉕ [기본 쉐이프]에서 [구멍 원통] 쉐이프를 드래그하여 작업 평면에 올린 후 정렬 버튼을 클릭하여 중앙 정렬 한다. 정렬 후 [구멍 원통] 쉐이프를 선택하여 위쪽 이동 핸들을 화살표 방향으로 드래그하여 [10.00mm] 이동하고 모두 선택해서 [그룹화] 버튼을 클릭한다.

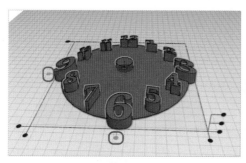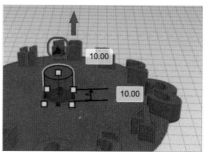

㉖ 그룹화 후 완성된 시계틀 모습.

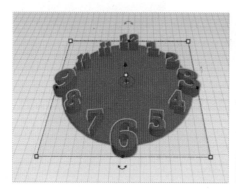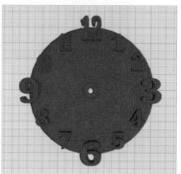

㉗ 설정창에서 원하는 색으로 디자인을 변경한다.

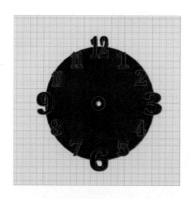

곰돌이 핸드폰 거치대 디자인

Project Introduction

❶ [기본 쉐이프]에서 [구] 쉐이프를 드래그하여 작업 평면 위에 올려놓는다.

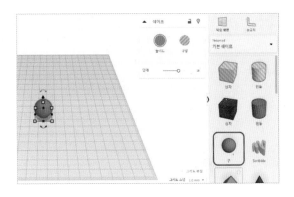

❷ [구] 쉐이프를 선택하고 크기를 [50.00mm, 40.00mm, 75.00mm]로 변경한다.

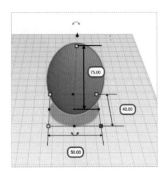

❸ [구] 쉐이프를 선택하고 위쪽 이동 화살표를 드래그하여 화살표 방향으로 [−25.00mm] 이동한다.

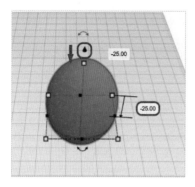

❹ [기본 쉐이프]에서 [구] 쉐이프를 하나 더 불러와 크기를 [25.00mm, 15.00mm, 36.00mm]로 변경한다.

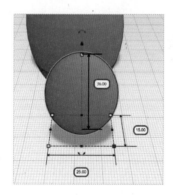

❺ 큰 [구] 쉐이프들의 색을 설정창에서 변경한다.

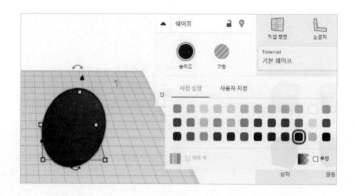

❻ 작은 [구] 쉐이프를 선택하고, 설정창에서 색을 변경후 드래그하여 큰 [구] 쉐이프에 위치를 잡아준다.

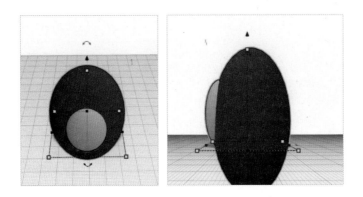

❼ 모든 [구] 쉐이프를 선택하고 [그룹화] 버튼을 클릭후 설정창에서 [여러색] 을 선택한다.

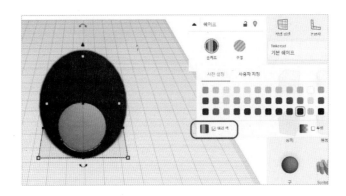

❽ [기본 쉐이프]에서 [원통] 쉐이프를 드래그하여 작업 평면에 올려놓고, 크기를 [50.00mm, 50.00mm, 20.00mm]로 변경한다.

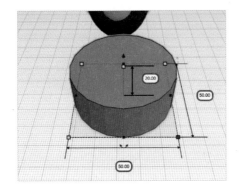

⑨ [기본 쉐이프]에서 [구] 쉐이프를 드래그하여 작업 평면의 빈 공간에 올려 놓고 크기를 [35.00mm, 20.00mm, 3.00mm]로 변경하고 설정창에서 색을 변경한다.

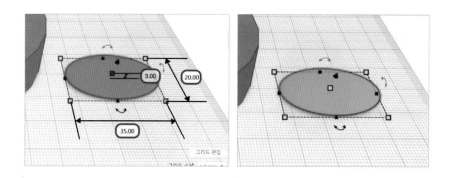

⑩ [구] 쉐이프를 선택하고 위쪽 이동 화살표를 드래그하여 화살표 방향으로 [20.00mm] 이동 후, [원통] 쉐이프 위로 드래그한다.

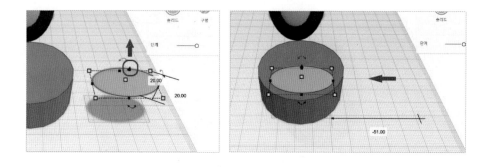

⑪ [기본 쉐이프]에서 [구] 쉐이프를 선택하고 작업 평면의 빈 공간에 드래그 하여 [6.00mm, 4.00mm, 3.00mm]로 크기를 변경하고 설정창에서 색을 변경한다.

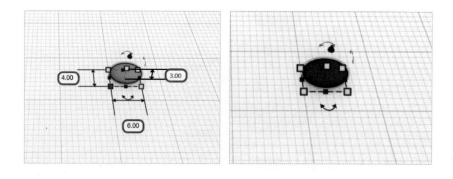

⓬ [구] 쉐이프를 선택하고 위쪽 이동 화살표를 드래그하여 화살표 방향으로
[21.00mm] 이동한다.

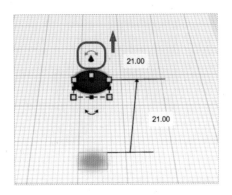

⓭ [구] 쉐이프를 선택하고 드래그하여 그림과 같은 위치에 올려놓는다.

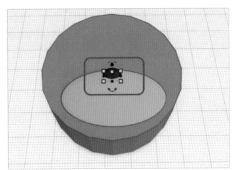

⓮ 카테고리의 [문자 및 숫자]에서 [J] 쉐이프를 드래그하여 작업 평면에 올려놓
는다. 쉐이프를 선택하고 [15.00mm, 20.00mm, 4.00mm] 크기로 변경한다.

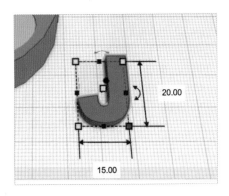

⑮ [기본 쉐이프]에서 [구멍 상자] 쉐이프를 드래그하여 그림과 같이 [J] 쉐이프에 올려 놓은 후 [그룹화] 버튼을 클릭한다.

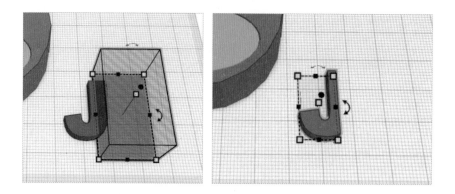

⑯ [J] 쉐이프를 선택하고 [Ctrl+D]를 눌러 제자리 복사 후 [대칭] 버튼을 클릭하여 좌우 방향 화살표를 클릭하여 대칭 복사한다.

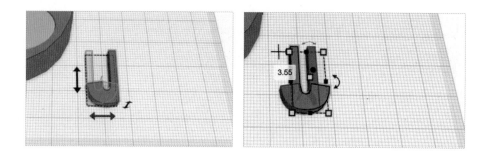

⑰ 대칭 복사 된 쉐이프를 드래그하여 그림과 같이 위치한 후 두 쉐이프를 선택하고 [그룹화] 버튼을 클릭한다.

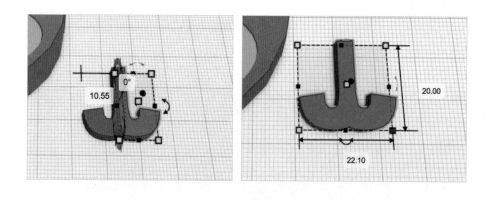

⑱ 그림의 쉐이프를 선택하고 위쪽 이동 화살표를 화살표 방향으로 드래그하여 [21.00mm] 이동한 후 드래그하여 그림과 같이 원통의 윗면에 올려놓는다.

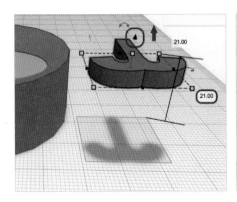 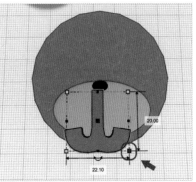

⑲ [J] 쉐이프를 선택하고 그림과 같이 꼭짓점 핸들을 화살표 방향으로 드래그하여 [13.00mm, 14.00mm, 4.00mm]로 크기를 변경한다.

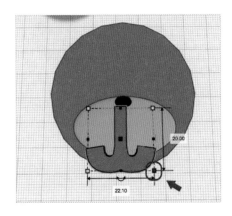 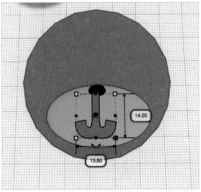

⑳ 그림 속 쉐이프들을 전체 선택하고 [정렬] 버튼을 클릭 한 후 앞 쪽 가운데 점핸들을 클릭하여 가운데 정렬한다.

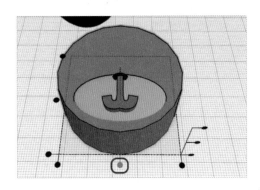

㉑ 뷰 박스의 [우측면도]를 클릭한 후 그림과 같이 전체적인 위치를 확인하고 이동 화살표 핸들을 드래그하여 위치를 조정한다.

㉒ [기본 쉐이프]에서 [구] 쉐이프를 선택 후 드래그하여 작업 평면에 올려놓고 크기를 [4.00mm, 4.00mm, 3.00mm]로 변경한 후 설정창에서 색을 변경한다.

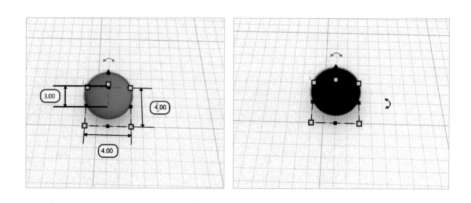

㉓ [구] 쉐이프를 선택하고 [Shift+Alt] 키를 누르며 이동 복사한다.

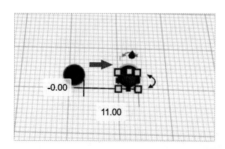

❷❹ 두 개의 [구] 쉐이프를 모두 선택한 후 위쪽 이동 화살표를 화살표 방향으로 [20.00mm] 이동 한다.

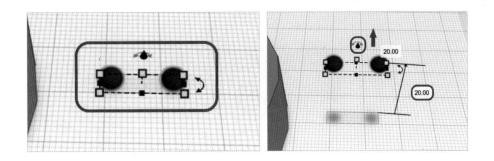

❷❺ 두 개의 [구] 쉐이프를 선택한 후 드래그하여 그림과 같이 원통 위에 올려 놓고 위치를 정한다.

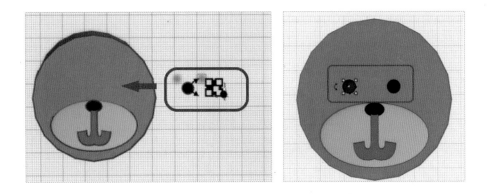

❷❻ [기본 쉐이프]에서 [원통] 쉐이프를 드래그하여 작업 평면에 올려놓고 [16.00mm, 16.00mm, 10.00mm] 크기로 변경한다.

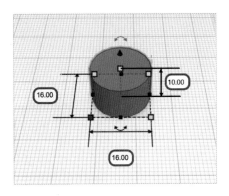

㉗ [기본 쉐이프]에서 [구멍 원통] 쉐이프를 드래그하여 그림과 같이 [원통] 쉐이프 옆에 올려놓고 [10.00mm, 10.00mm, 13.00mm] 크기로 변경한다.

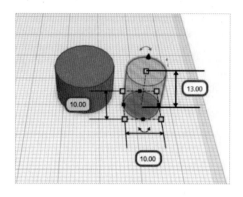

㉘ 원통 쉐이프들을 선택하고 [정렬] 버튼을 클릭한 후 왼쪽 가운데와 앞쪽 가운데 점 핸들을 클릭하여 중앙 정렬한다.

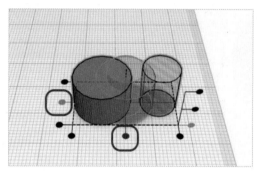 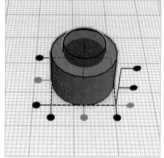

㉙ 정렬된 두 원통 쉐이프들을 선택하고 [구멍 원통] 쉐이프를 선택한다. [구멍 원통] 쉐이프의 위쪽 이동 화살표를 드래그하여 화살표 방향으로 [6.00mm] 이동 후, 두 원통 쉐이프를 선택하고 [그룹화] 버튼을 클릭한다.

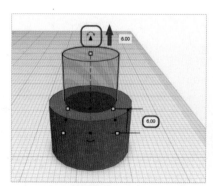 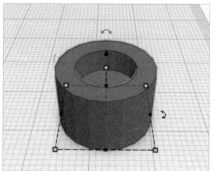

㉚ [원통] 쉐이프를 선택하고 위쪽 이동 화살표를 위로 드래그하여 [8.00mm] 이동한다.

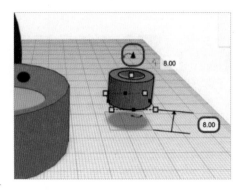

㉛ 작은 원통 쉐이프를 선택하고 화살표 방향으로 드래그하여 그림과 같이 이동한다.

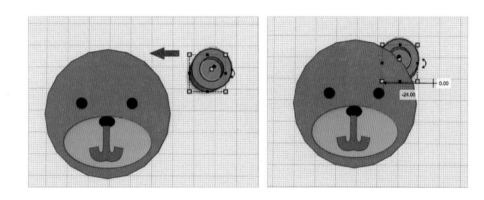

㉜ ㉛번의 작은 원통 쉐이프를 선택하고 [Shift+Alt] 키를 누른 채 화살표 방향으로 이동 복사한다.

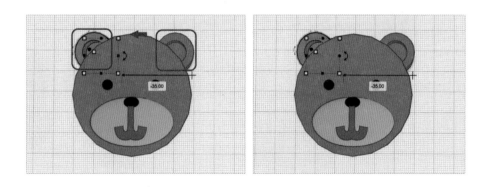

㉝ 두 개의 작은 원통 쉐이프와 큰 원통 쉐이프를 선택하고 설정창에서 색을 지정한다.

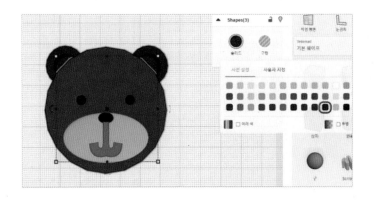

㉞ 그림 속 원통 쉐이프들을 모두 선택하고 [그룹화] 버튼을 클릭한 후 설정창 에서 [여러색]을 지정한다.

㉟ 그림의 원통 쉐이프를 선택하고 박스에서 [우측면도] 뷰 버튼을 클릭한 후 [선택한 쉐이프에 뷰 맞춤] 버튼을 클릭한다. 그림과 같이 회전 화살표를 화살 표 방향으로 드래그하여 [90°] 회전한다.

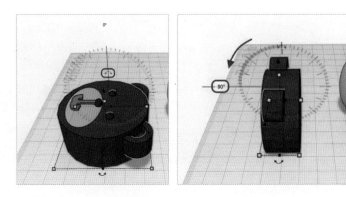

❸❻ [홈 뷰]와 [정면뷰] 버튼을 순서대로 클릭하고 원통 쉐이프를 선택한 후 위쪽 이동 화살표를 화살표 방향으로 드래그하여 작업평면에 올려놓은 뒤 다시 위쪽 방향으로 [45.00mm] 이동한다.

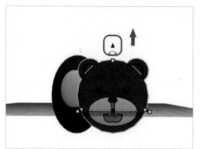 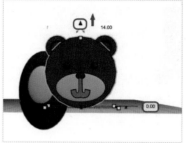 

❸❼ 완성된 얼굴과 몸통 쉐이프들을 모두 선택하고 [정렬] 핸들을 클릭 한 후 왼쪽 가운데 점 핸들과 앞쪽 가운데 점 핸들을 클릭하여 중앙 정렬한다.

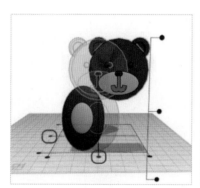 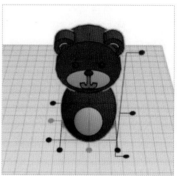

❸❽ [기본 쉐이프]에서 [포물면] 쉐이프를 드래그하여 작업 평면위에 올려 놓고 크기를 [30.00mm, 30.00mm, 45.00mm]로 변경한다. 크기를 변경 후 가운데 그림과 같이 드래그하여 몸통에 붙도록 위치를 잡아준다.

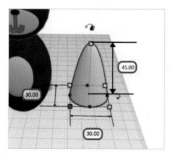 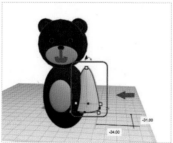 

㊴ 전체 쉐이프를 선택하고 [우측면도] 뷰 버튼을 클릭한 후 [정렬] 버튼을 클릭한다. 그림과 같이 가운데 점 핸들을 클릭하여 정렬한다.

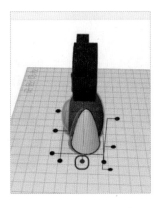

㊵ [기본 쉐이프]에서 [구] 쉐이프를 드래그하여 작업 평면에 올려놓고 크기를 [4.00mm, 4.00mm, 4.00mm]로 변경한 후 오른쪽 그림과 같이 팔 부위에 이동시켜 위치를 잡아준다.

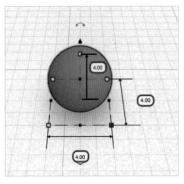
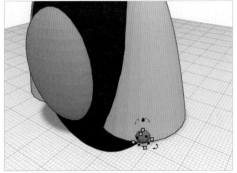

㊶ [구] 쉐이프를 선택하고 설정창에서 색을 변경한다.

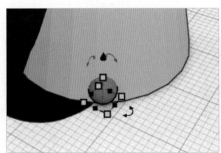
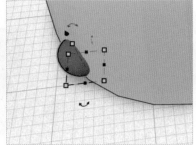

㊷ [구] 쉐이프를 선택하고 [Alt] 키를 누르고 그림과 같이 화살표 방향으로 드래그하여 이동 복사한다. 같은 방법으로 5개의 구를 이동 복사하여 위치를 잡아준다.

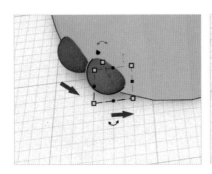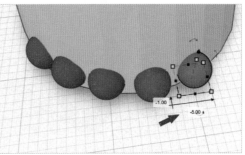

㊸ [Shift] 키를 누르고 한 개씩 클릭하여 5개의 구를 선택한 후 [그룹화] 버튼을 클릭한다.

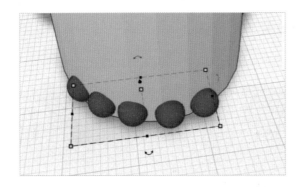

㊹ 그림과 같이 [포물면] 쉐이프와 그룹 [구] 쉐이프를 선택하고 [그룹화] 버튼을 클릭한 후 설정창에서 [여러색]을 선택한다.

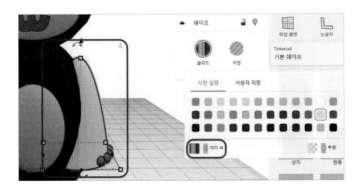

ⓘ [포물면] 쉐이프를 선택하고 [Ctrl +D] 키를 눌러 제자리 복사 후 [대칭] 버튼을 클릭한다. 좌우 대칭 화살표를 클릭한 후 복사된 [포물면] 쉐이프를 드래그하여 그림과 같이 위치한다.

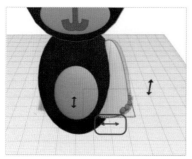
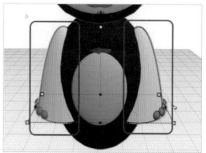

ⓘ [기본 쉐이프]에서 [구멍 상자] 쉐이프를 드래그하여 작업 평면에 올려 놓은 후 다른 쉐이프들이 모두 포함되도록 점햄들을 사용하여 크기를 변경한다. 크기를 변경한 [구멍 쉐이프]를 선택하고 위쪽 이동 화살표를 화살표 방향으로 [-30.00mm] 이동한다.

ⓘ 전체 쉐이프를 선택하고 [그룹화] 버튼을 클릭한다.

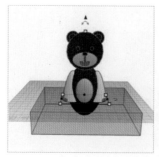

㉘ [기본 쉐이프]에서 [원통] 쉐이프를 드래그하여 작업 평면에 올려 놓은 후 회전 화살표를 그림과 같은 방향으로 [90°] 회전한다.

원통의 크기는 [20.00mm, 20.00mm, 20.00mm]

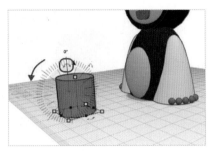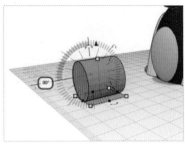

㉙ [기본 쉐이프]에서 [원통] 쉐이프를 드래그하여 작업 평면에 올려놓고 길이를 [80.00mm]로 변경한다. 원통 쉐이프를 화살표 방향으로 드래그하여 몸통 쪽으로 밀어 넣는다.

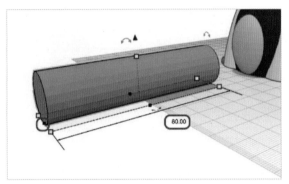

㉚ [기본 쉐이프]에서 [원통] 쉐이프를 하나 더 드래그하여 작업 평면 위에 올려 놓은 후 [25.00mm, 35.00mm, 7.00mm]로 크기를 변경한다.

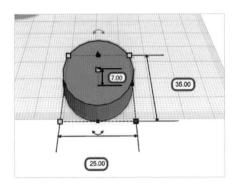

㉛ [기본 쉐이프]에서 [구] 쉐이프를 선택하여 작업 평면 위에 올려놓고 [15.00mm, 20.00mm, 4.00mm]로 크기를 변경 후 위쪽 이동 화살표를 화살표 방향으로 드래그하여 [5.00mm] 이동한다.

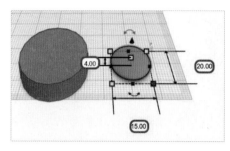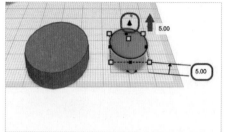

㉜ [구] 쉐이프를 드래그하여 [원통] 쉐이프 위에 올려 놓고 위치를 잡아주고 [설정창]에서 색을 변경한다.

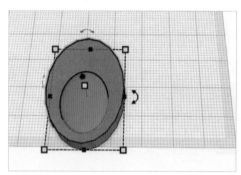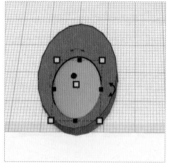

㉝ [기본 쉐이프]에서 [구] 쉐이프를 선택하여 작업 평면 위에 올려놓고 크기를 [5.00mm, 5.00mm, 4.00mm]로 변경한 후 위쪽 이동 화살표를 화살표 방향으로 드래그하여 [5.00mm]위로 이동한다.

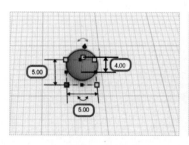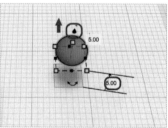

54 52번의 [구]쉐이프를 선택하고 설정창에서 색을 변경하고 그림처럼 원통 쉐이프위에 올린다. [Alt] 키를 누른 후 [구] 쉐이프를 드래그하여 이동 복사한다. 같은 방법으로 5개의 작은 [구] 쉐이프를 이동 복사하여 그림과 같이 놓는다.

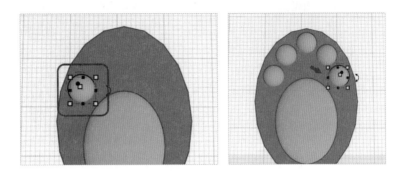

55 [원통] 쉐이프를 선택하고 설정차에서 색을 변경한다. 그림속의 원통 쉐이프와 구 쉐이프들을 선택하고 [그룹화] 버튼을 클릭한다. 그룹화 후 설정창에서 [여러색]을 선택한다.

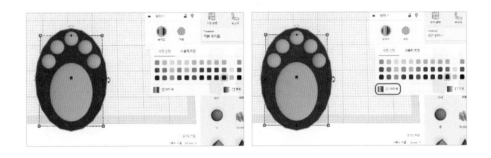

56 발바닥 모양의 쉐이프를 선택하고 회전 화살표를 화살표 방향으로 드래그하여 [90°] 회전한다.

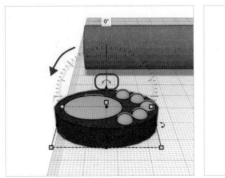
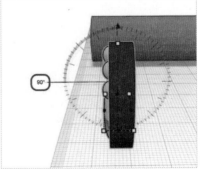

57 발바닥 모양의 쉐이프를 선택하여 드래그하고 위치를 잡아준다. 화살표 방향의 [원통] 쉐이프를 선택하고 설정창에서 색을 변경한다.

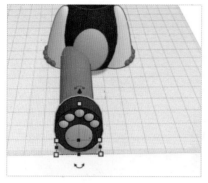 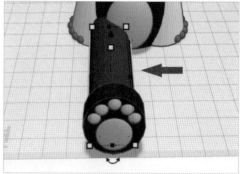

58 그림같이 [원통] 쉐이프들을 선택하고 [그룹화] 버튼을 클릭한다.

57 그룹 [원통] 쉐이프를 선택하고 그림과 같이 회전 화살표를 화살표 방향으로 [10°] 회전한다.

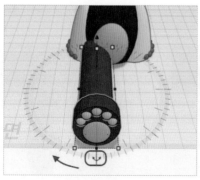 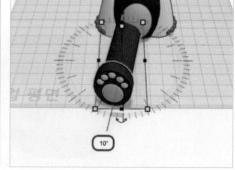

⑥ 회전된 원통 쉐이프를 선택하고 [Ctrl+D] 키를 눌러 제자리 복사 후 [대칭] 버튼을 클릭한다. 좌우 대칭 화살표를 클릭 후 대칭 복사된 쉐이프를 드래그 하여 위치를 잡아준다.

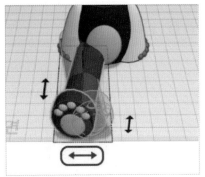
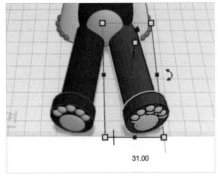

⑥ 전체 쉐이프를 선택하고 [그룹화] 버튼을 클릭한다.

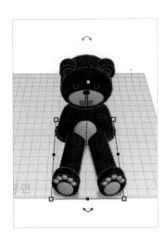

⑥ 곰돌이 핸드폰 거치대가 완성되었다.

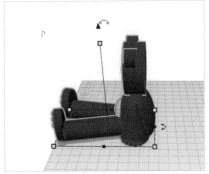

❶ [문자] 쉐이프에서 [계란] 쉐이프를 선택하여 작업 평면에 올려 놓고 크기를 [30.00mm, 30.00mm, 40.00mm]로 변경한다.

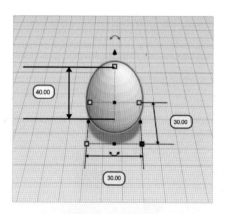

❷ [기본 쉐이프]에서 [구] 쉐이프를 선택하여 작업 평면에 올리고 크기를 [20.00mm, 20.00mm, 50.00mm]로 변경한다.

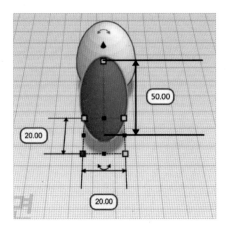

❸ [구] 쉐이프를 선택하고 위쪽 이동 화살표를 화살표 방향으로 [20.00mm]
이동한다. 구 쉐이프 이동 후 모든 쉐이프를 선택하고 [정렬] 버튼을 눌러 중
앙정렬한다.

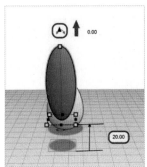
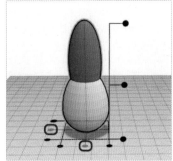

❹ [구] 쉐이프를 선택하고 회전 화살표를 화살표 방향으로 드래그하여 [10°]
회전한다. [계란] 쉐이프도 선택 후 회전 화살표를 화살표 방향으로 드래그하
여 [-30°] 회전한다.

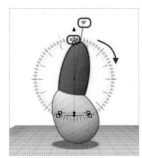
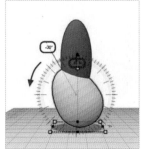

❺ 구 쉐이프의 이동 화살표를 드래그하여 높이를 조절하고 우측면도 또는 좌측면도 뷰박스를 클릭해서 구와 계란 쉐이프의 위치를 알맞게 조절한다.

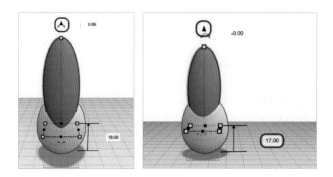

❻ 적당한 위치에 설정 후 두 쉐이프를 선택하고 [그룹화] 버튼을 누른 후 설정창에서 색을 변경한다.

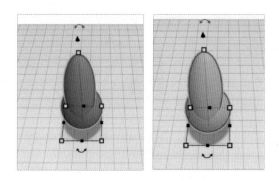

❼ [기본 쉐이프]의 [반구] 쉐이프를 선택해 작업 평면에 올린 후 크기를 변경한다.
[10.00mm, 3.00mm, 15.00mm]

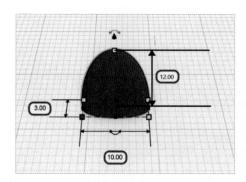

❽ [반구] 쉐이프를 선택하고 [Shift+Alt] 키를 누른채 드래그하여 [1.00mm] 화살표 방향으로 이동 복사한다.

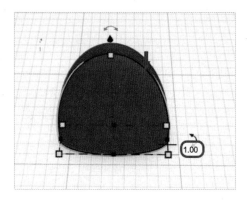

❾ 각각의 반구 쉐이프를 선택하여 양쪽 방향으로 [10°]씩 회전한다.

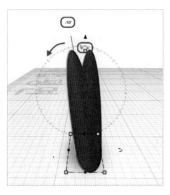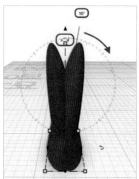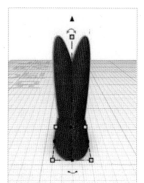

❿ [기본 쉐이프]의 [구멍 상자] 쉐이프를 선택하여 작업 평면에 올린 후 그림과 같이 크기를 조절한다. 구멍상자 쉐이프의 높이를 [5.00mm]로 변경하고 구멍상자의 위쪽 이동 화살표를 드래그하여 [-2.00mm] 이동 후 [그룹화] 버튼을 클릭한다.

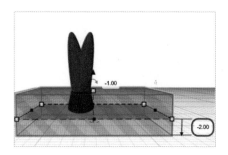

⓫ 반구 쉐이프의 크기를 [10.00mm, 4.00mm, 9.00mm]로 변경하고 [기본 쉐이프]의 [원통] 쉐이프를 드래그하여 작업 평면에 올린다. 원통의 크기를 [10.00mm, 4.50mm, 4.00mm]로 변경한다.

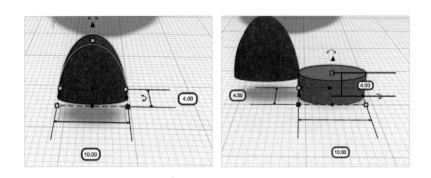

⓬ [반구]와 [원통] 쉐이프를 선택한 후 [정렬] 버튼을 눌러 중앙 정렬하고 원통 쉐이프의 크기를 반구 쉐이프에 맞추어 변경한다.
[10.00mm, 3.50mm, 3.00mm]

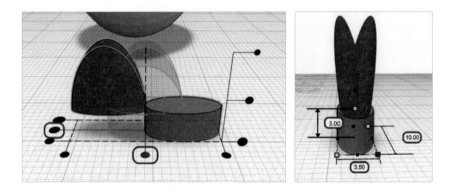

⓭ [반구]와 [원통] 쉐이프를 선택해 [그룹화] 버튼을 클릭하고 회전 화살표를 드래그하여 화살표 방향으로 [90°] 회전한다.

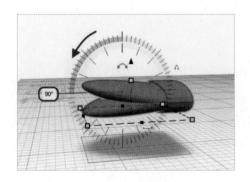

⑭ 그룹 반구 쉐이프의 이동 화살표를 드래그하여 위치를 정한다음 [정렬] 버튼을 클릭하고 가운데 정렬을 한다.

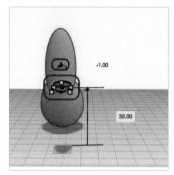 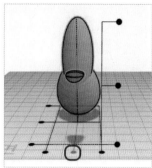

⑮ [기본 쉐이프]의 [구멍 원통] 쉐이프를 선택해 작업 평면에 올린 후 크기를 [10.50mm, 4.00mm, 5.00mm]로 크기를 변경한다.

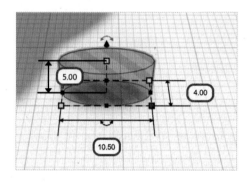

⑯ 뷰박스의 [좌측면도]를 클릭한 후 [구멍 원통]쉐이프를 선택해 그림과 같이 회전화살표를 드래그하여 [90°] 회전한다.

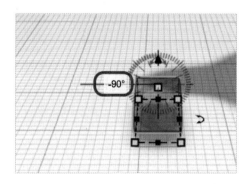

⑰ [구멍 원통] 쉐이프를 선택하여 위치를 변형하고 [정렬] 버튼을 클릭하여 가운데 정렬 후 반구 쉐이프가 위치한 곳에 그림과 같이 겹치도록 놓는다.

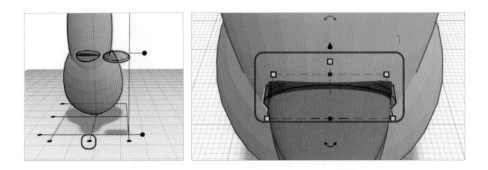

⑱ [구멍 원통] 쉐이프와 몸통 쉐이프 만을 선택한 후 [그룹화] 버튼을 클릭한다.

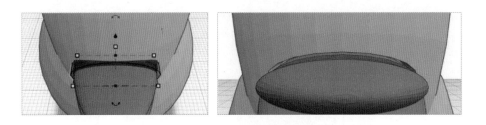

⑲ [기본 쉐이프]에서 [구] 쉐이프를 선택하여 작업 평면에 올린 후 크기를 [6.00mm, 6.00mm, 6.00mm]로 변경한 후 [Shift+ Alt] 키를 누른채 화살표 방향으로 [9.00mm]드래그하여 이동 복사한다.

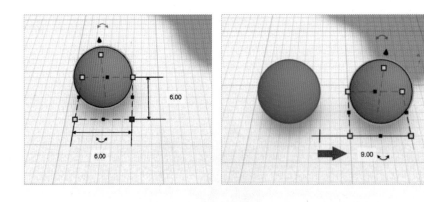

⑳ 두 [구] 쉐이프를 선택하고 [그룹화] 버튼을 클릭 한 후 위쪽 이동 화살표를 드래그하여 몸통의 적당한 위치로 이동한다.

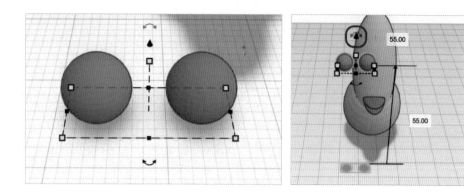

㉑ 모든 쉐이프를 선택하고 [정렬] 버튼을 클릭하여 가운데 정렬 후 눈이 될 [구] 쉐이프들의 위치와 크기를 조절한다.

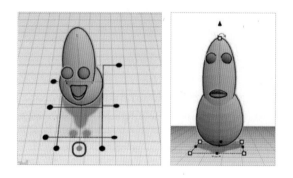

㉒ 눈이 될 구 쉐이프의 위치와 크기를 조절 후 [구] 쉐이프들과 몸통 쉐이프를 선택하고 [그룹화] 버튼을 클릭한다.

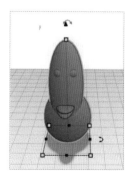

㉓ 카테고리의 [문자]에서 [계란] 쉐이프를 선택해 작업 평면에 올린 후 크기를 [6.00mm, 15.00mm, 30.00mm]로 변경한다.

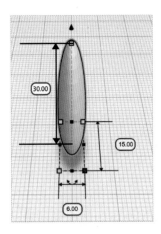

㉔ [계란] 쉐이프를 선택하고 [Shift + Alt] 키를 누른 채 화살표 방향으로 [28.00mm] 드래그하여 이동 복사한 후 두 쉐이프를 선택하고 [그룹화] 버튼을 클릭한다.

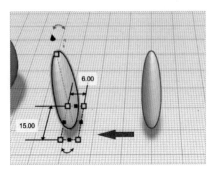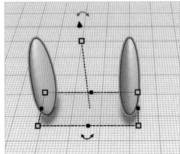

㉕ 모든 쉐이프를 선택하고 [정렬] 버튼을 클릭하여 가운데 정렬 후 뷰박스의 [우측면도] 버튼을 클릭한다. 우측면도에서 계란 쉐이프를 선택한 후 회전 화살표를 드래그하여 그림과 같이 [−45°] 회전한다.

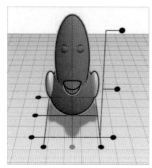 

㉖ [그룹 계란] 쉐이프를 선택해 [그룹해제]를 클릭한 후 한 쉐이프씩 선택한 후 회전 화살표를 드래그하여 양 방향으로 각각 [20°, −20°] 씩 회전한다.

 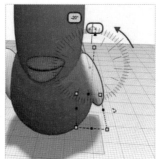

㉗ [계란] 쉐이프들과 몸통 쉐이프를 선택하고 [그룹화] 버튼을 클릭한다.

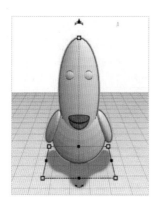

㉘ [기본 쉐이프]에서 [원통] 쉐이프를 선택하고 작업 평면에 올린 후 크기를 [10.00mm, 15.00mm, 4.00mm]로 변경한다.

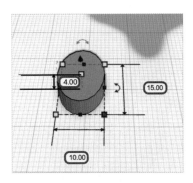

㉙ 다른 [원통] 쉐이프를 한 개 더 작업 평면에 올린 후 크기를 [6.00mm, 6.00mm, 30.00mm]로 변경하고 ㉘번의 원통 쉐이프에 가운데 정렬한다.

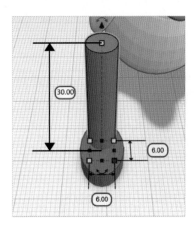

㉚ 두 개의 [원통] 쉐이프를 선택해 [그룹화] 버튼을 클릭하고 그림과 같이 화살표 방향으로 회전 화살표를 드래그하여 [30°] 회전한다.

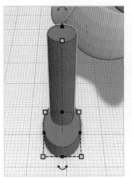 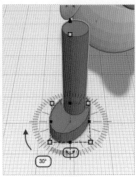

㉛ 그룹 원통 쉐이프를 선택하고 [Ctrl+D] 키를 눌러 제자리 복사 후 [대칭] 버튼을 클릭한다. 좌우대칭 화살표를 클릭한 후 대칭 복사된 그룹 원통 쉐이프를 화살표 방향으로 드래그하여 [12.00mm] 이동한다.

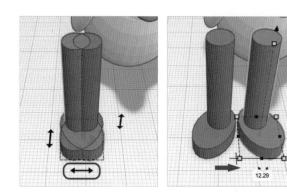

㉜ 두 쌍의 그룹 원통 쉐이프를 선택하여 [그룹화] 버튼을 클릭한다.

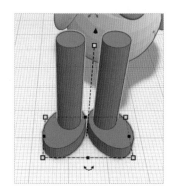

㉝ 몸통 쉐이프를 선택하여 위쪽 이동 화살표를 화살표 방향으로 [25.00mm] 드래그하여 이동한다. 그룹 원통 쉐이프를 선택하여 [숨기기]버튼을 클릭한다.

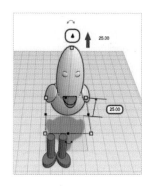

❸❹ [구멍 원통] 쉐이프를 작업평면에 올린후 [6.50mm, 6.50mm, 30.00mm]로 크기를 변경하고 [Shift +Alt] 키를 눌러 화살표 방향으로 [11.00mm] 드래그하여 이동복사한다. 이동 복사 후 두 구멍 원통 쉐이프를 선택하여 [그룹화] 버튼을 클릭한다.

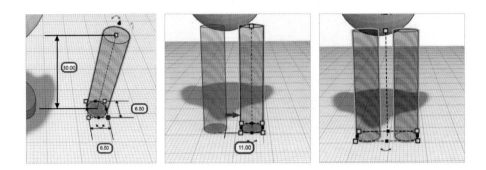

❸❺ 모든 쉐이프를 선택하고 [정렬] 버튼을 클릭하여 가운데 정렬 후 뷰박스의 [좌측면도]를 클릭한다. 각 뷰에서 위치를 확인한다.

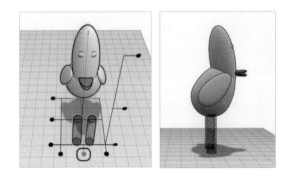

❸❻ 그룹 구멍 원통 쉐이프와 몸통 쉐이프만 선택 후 [그룹화] 버튼을 클릭한다.

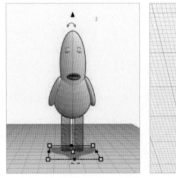
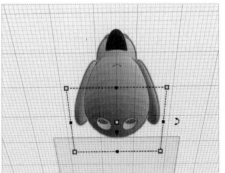

㊲ [모두 표시] 버튼을 클릭하여 숨겨두었던 그룹 원통 쉐이프가 보이게 한다.

㊳ [기본 쉐이프]의 [원통] 쉐이프를 선택하여 작업 평면에 올린 후 크기를 변경한다. [50.00mm, 50.00mm, 6.00mm]로 변경한다.

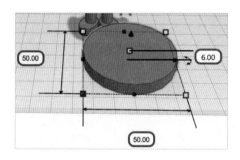

㊴ 새로운 원통 쉐이프 위로 오리 쉐이프를 올린다.

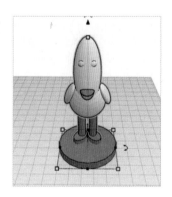

⓵ 오리 발 그룹 원통 쉐이프와 새로운 원통 쉐이프를 선택하여 [그룹화] 버튼을 클릭한다.

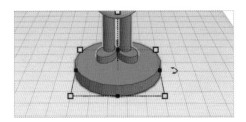

⓶ [기본 쉐이프]에성 [구멍 상자] 쉐이프를 선택하여 작업 평면에 올리고 크기를 변경한다. [40.00mm, 3.00mm, 30.00mm]로 변경한다.

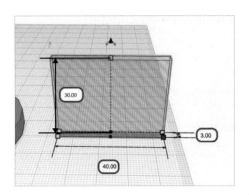

⓷ [구멍 상자] 쉐이프를 선택하고 위쪽 이동 화살표를 화살표 방향으로 [78.00mm] 드래그하여 이동한다.

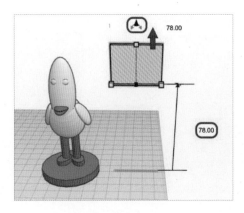

㊸ [구멍 상자] 쉐이프를 이동 시켜 그림과 같은 위치에 놓은 후 회전 화살표를 화살표 방향으로 드래그하여 [15°] 회전한다.

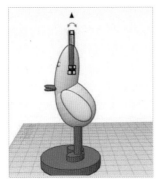 

㊹ [구멍 상자]와 몸통 쉐이프를 선택하고 [그룹화] 버튼을 클릭한다.

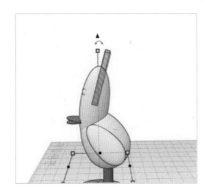

㊺ 그룹화 후 완성된 오리 메모꽂이 모습

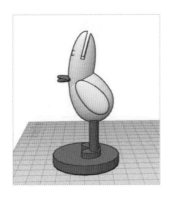

⑯ 각각의 쉐이프를 따로 출력하고자 하는 경우에는 각 쉐이프들을 분할하여 하나씩 [내보내기] 한다.

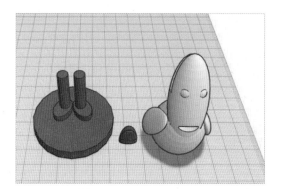

3.17 아이디어 스케치 작성하기(3D View)

■ what is your design idea?

☑ Sketch your design idea

정면도(Front View)	평면도(Top View)
좌/우측면도(Side View)	배면도(Back view)

PART

3

틴커캐드의
코드블록

4

CHAPTER

코드블록 기본

4.1   코드블록 시작하기

4.2   코드블록 인터페이스

4.3   코드블록 기본기능 익히기

4.4   항목별 코드블록 기능 개요

4.1 코드블록 시작하기

틴커캐드는 3D 모델링 플랫폼에 코딩을 도입 했다. 코드블록(Codeblock)은 객체 지향 프로그래밍이므로 사전 정의 된 객체(코딩된 블록)를 작업 평면에 놓고 수정하는 방법이다. 학습자는 이미지화된 블록들을 몇 번 클릭하는 것만으로도 복잡한 프로그래밍 명령어 없이 쉽게 코딩의 원리를 이해할 수 있고, 창의적 객체를 모델링하기 위한 문제 해결력을 높일 수 있다.

틴커캐드에서 스크래치 블록으로 구동되는 코드블록으로 디자인 할 때는 코드블록이 가지고 있는 규칙에 맞게 적용해야 하는데, 이를 위해 코드블록(Codeblock) 사용 전 MIT의 스크래치 블록 3.0의 기본 코딩 원리를 학습한 후 사용하길 추천한다. 그만큼 스크래치에 익숙한 학습자라면 쉽게 시작하고 실행 할 수 있다.

코드블록(Codeblock)은 앞서 CHAPTER 2의 3D 디자인과 이용방법이 비슷해 보이지만, 틴커캐드에서 제공된 3D 디자인에서는 상자, 원통, 구, 또는 피라미드, 쐐기 같은 기본 모양을 작업 평면으로 끌어 모델링하는 방법인 반면, 코드블록(Codeblock)은 블록패널(Blocks Panel)에서 스크립트 영역인 블록 편집기로 드래그해 연결한 코드블록을 사용하여 코드를 짜거나, 매개 변수를 이용해 크기나 모양을 설정하거나 변수를 만드는 등의 작업을 수행함으로써 3D 모델을 만들 수 있다.

만들어진 결과물은 코드 렌더링 되는 순서에 따라 3D 뷰어에서 테스트 및 확인 하고, 최종 파일은 *.STL 및 *.OBJ 파일 형식과 함께 SVG로 직접 내보내기 하거나, gif 애니메이션으로 기록할 수 있다.

그리고, 프로젝트에 따라 모델링 재 사용을 위해 다른 프로젝트에 가져다 사용할 경우 부품 제작 및 사용이 가능한 형태로 저장하고 부품 콜렉션에 추가할 수 있다.

◨ 틴커캐드에 로그인하고 코드블록 시작

① 코드블록을 시작하려면 Tinkercad.com으로 이동해 왼쪽의 코드블록 버튼을 클릭한다.

② 개인계정에 로그인한다. (또는 처음 방문한 경우 계정을 만들어 사용해야 한다)

③ 로그인하면 사용자 대시 보드가 화면에 보인다.

④ 왼쪽 열로 이동하여 '코드블록' 버튼을 클릭한다. 그러면 코딩이 가능한 '코드블록' 작업 화면에서 미니 대시 보드가 열린다.

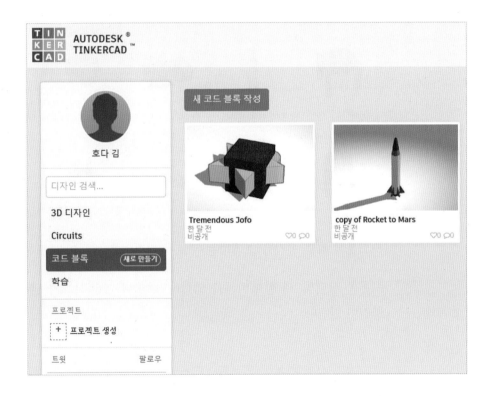

⑤ 코드블록은 틴커캐드의 새로운 작업 공간이며 틴커캐드 플랫폼에서 제공하는 3D 디자인 및 Circuits(회로) 작업공간과 같은 방식으로 입력 할 수 있다.

▣ 미니 대시 보드에서 새로운 디자인 만들기

이 영역에서는 기존 코드블록 디자인을 찾거나 새 디자인을 만들거나 스타터 디자인(Starters design)을 열 수 있다.

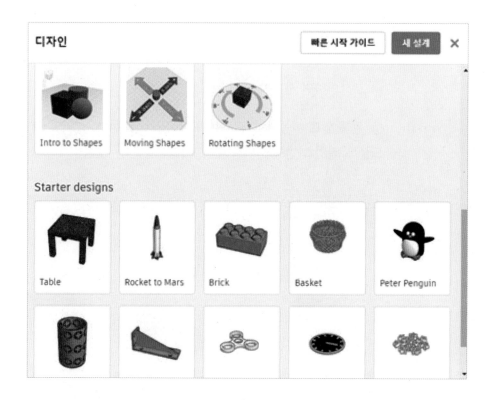

코드블록 작업 공간을 소개하는 새로운 디자인을 만들어 보도록 한다.

오른쪽 상단의 '새 설계'버튼을 클릭하면, 미니 대시 보드가 닫히고 코드 작업 공간이 열린다.

 상단에는 다양한 재미있는 스타터 디자인이 있다. 이 샘플 디자인은 코드를 사용하여 쉐이프를 구성하는 다양한 방법을 보여준다.

4.2 | 코드블록 인터페이스

■ 코드블록 작업화면(Workspace) 구성

작업화면(Workspace)을 살펴보면 틴커캐드의 3D디자인 편집 작업화면 인터
페이스와 유사해 보이지만, 화면이 [세 부분(섹션)]으로 나뉘어져 있음을 확인
할 수 있다.

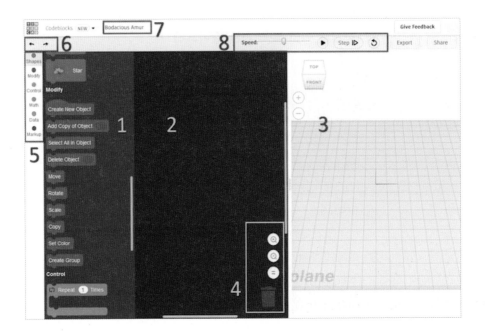

① 코드블록(Codeblocks)

프로그램을 정의하는 데 사용할 코드블록이다.

② 블록 편집기(Blocks Edit)

코드블록을 여기에 쌓아서 디자인을 정의하고 설계할 수 있으며, 학습자가 각 블록들을
선택 및 조합하여 작업하는 공간이다.

③ 3D 뷰어 (3D View)

블록 편집기에서 빌드한 결과를 확인한다.

④ 확대/ 축소/ 휴지통

코드블록을 더 크거나 작게 만들거나 크기를 재 설정하고, 휴지통은 불필요한 블록을
제거하는 데 사용된다.

5 블록 패널(Blocks Panel)

항목별 블록의 다양한 기능이 색상별로 포함되어 있다.

[파란색 = 쉐이프(Shape), 자주색 = 수정(Modify), 주황색 = 제어(Control), 녹색 = 수학(Math), 하늘색= 데이터(Data), 회색= 주석(Markup)]

6 취소/ 재실행(툴바)

7 디자인 이름 지정해 저장/ 변경

8 편집 및 내보내기/ 프로그램을 실행하고 속도를 제어하기

🔲 코딩을 위한 블록 기능 알아보기

1 쉐이프(Shape)

틴커캐드의 기본 모양이 모두 포함된다.

2 수정(Modify)

크기, 색상, 위치 및 회전과 같은 기존 모양의 속성을 변경할 수 있다.

3 제어(Control)

제어 블록을 사용하면 동작을 반복 할 루프를 정의 할 수 있다.

4 수학(Math)

변수를 정의하고 값을 변경하며 난수를 생성 할 수 있다.

5 데이터(Data)

프로그램에서 생성 한 모든 변수가 나열된다.

6 마크업(Markup)

주석과 텍스트 출력을 추가 할 수 있다.

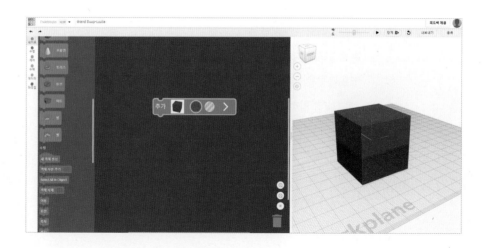

◼ 코드블록 단계별 과정 이해하기

창작물을 만들기 위한 디자인 과정이 프로젝트를 완료 할 때까지 결정을 구체화하는 과정이라면, 코딩하는 과정도 이와 비슷하다. 코드블록을 사용하며 학습자가 원하는 결과를 얻을 때까지 이 과정을 반복하며 설계한다.

1 **선택**

화면 왼쪽에 있는 블록 패널에서 [쉐이프 블록]의 다양한 도형을 선택하고 시작한다.

2 **스택**

위에 표시된 대로 블록 패널에서 블록 편집기(Blocks Edit)의 중간으로 클릭하여 이동시킨다. 스크립트를 만들기 위해 블록을 쌓는 곳이다.

3 **Run**

셰이프를 배치하면 오른쪽 상단에서 ▶ 을 찾아서 클릭한다.

4 **검토**

실행 단추 아래에는 작업을 보거나 디자인에 대한 변경 사항을 검토 하는 3D 뷰어가 있다. 3D뷰어에서는 단계마다 선택한 3D 도형이 표시된다.

5 **조정**

블록 편집기(Blocks Edit)로 다시 돌아가서 다른 블록을 드래그하거나 이미 선택한 모양을 변경하여 디자인을 조정한다.

디자인이 완료 될 때까지 선택, 스택, 실행, 검토, 조정등의 순서로 진행된다.

◼ 작업의 스택을 형성하기(작업의 입력 순서에 따라 처리되는 방법)

코드블록의 일반적인 기능은 다양한 기능을 가지고 있는 코드블록들을 연결해 순차적으로 작업 명령이 이어질 수 있도록 한다. 연결한 후 모양을 확인하거나 수정하기 위해서는 3D 뷰어에서 결과를 확인하며 추가수정을 할 수 있다.

1 먼저 블록 패널에서 '상자'모양 블록을 선택해 블록 편집기(Blocks Editor)에서 작업 스택은 작업의 입력 순서에 따라 처리되는 작업 제어 방법을 다음과 같이 설명한다.

② 작업 공간의 왼쪽에서 블록 패널을 찾는다. 사용 가능한 모든 블록의 목록이다.

③ 빨간색 상자 블록을 클릭 한 상태에서 블록 패널에서 블록 편집기(Blocks Editor)라는 중간 영역으로 이동한다.

TIP 제대로 작동하려면 스택에 항상 하나 이상의 모양이 있어야 한다.

■ 코드 실행방법 익히기

디자인을 만들기 위해 코드를 사용하고 있으므로 3D 뷰어(3D View) 에서 결과를 확인하려면 해당 코드를 실행해야한다. 이것은 중요한 프로세스이며 디자인을 업데이트 할 때 반복되는 프로세스이다.

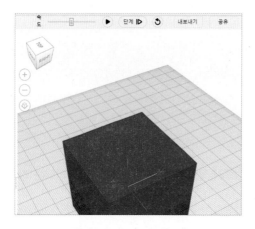

① 작업 공간의 오른쪽 상단에서 실행 버튼 ▶ 을 누른다.
② 3D 뷰어에서 다양한 도형 블록을 선택해 순서적으로 실행되는지 확인하고, 블록 코딩의 매개변수를 수정한 경우는 ▶ 을 다시 클릭해 재 확인 한다.

TIP 틴커캐드는 도형이 작업평면(Workplane) 상단에 놓이는 모양이 일반 3D 프로그램과 다르다. 그러므로 상자가 그리드의 가장 중앙에 어떻게 배치되는지, 그리고 작업평면(Work-plane) 위의 1/2과 1/2 아래에 위치하는지 확인한다.

◼ 3D뷰어에서 도형 보기 제어하는 방법

3D 뷰어(3D View)를 통해 모델링을 다양한 각도로 보는 방법을 다음과 같이 두 가지로 설명 할 수 있다.

❶ 뷰 박스  는 작업중인 모델링을 여러 각도에서 확인 가능하다.

아래 이미지와 같이 마우스로 뷰 박스를 클릭 드래그 하여 회전하며, 작업 공간과 일치하는 다양한 각도에서 작업 할 수 있다.

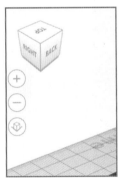

❷ 빠른 보기 변경을 위해 다양한 레이블 또는 필드를 클릭해 보기도 가능하다. 마우스가 뷰박스 위로 올라갔을 때 이미지와 같이 특정 부분이 뚜렷하게 강조 되며, 이 부분을 클릭하면 해당 각도에서 모델링을 볼 수 있다. 확대 및 축소하려면 '+' 및 '−' 버튼을 클릭한다. 주로 많이 사용하는 방법으로는 마우스를 사용하여 다음과 같이 3 가지 방법으로 제어 할 수 있다.

① 궤도

모델링 주위를 회전하는 데 사용된다. 궤도로 이동하려면 Ctrl 키를 누른 상태에서 뷰어 영역의 아무 곳이나 마우스를 드래그한다.

② 팬

뷰어에서 해당 모델을 중심으로 옆으로 또는 위아래로 이동하는 데 사용된다. 이동하려 면 마우스를 사용하여 'Shift' 및 'Control'키를 누른 상태에서 보기 영역 내의 아무 곳이 나 클릭해서 드래그한다.

③ 작업평면확대 축소

작은 세부 사항을 보려면 확대 및 축소한다. 확대/축소하려면 마우스의 스크롤 휠을 사용 한다.

4.3 | 코드블록 기본기능 익히기

◼ 도형 정하기

대부분의 [쉐이프] 블록 항목에는 필요에 맞게 도형을 수정할 수 있는 '매개 변 수 컨트롤'이 있다.

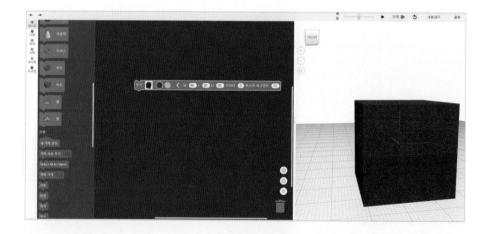

❶ [쉐이프] 에서 블록 편집창으로 [상자] 블록을 가져와 색 지정을 하고 오른 쪽 화살표 [〈]를 연다.

❷ 화살표 [〈]을 열면, 숫자 필드가 있는 컨트롤 목록이 표시되는데, 이러한 '숫자 컨트롤'을 '매개 변수'라고 한다. 너비(W), 길이(L) 및 높이(H)와 같은 상자 모양의 특정 속성을 제어하거나, 폭을 변경할 수 있다.

❸ 너비(W), 길이(L) 및 높 (H) 옆의 흰색 필드 영역을 클릭해 위와 같이 숫자를 적는다.

❹ [상자]를 수정하기 위해 흰색 필드에 70을 입력하고, Run을 눌러 쉐이프(도형)을 검토해보면 첫 번째 상자 보다 직사각형에 가까운 모양으로 수정된다.

▣ 쉐이프 이동하기

[이동] 블록을 사용해 그리드에서 [상자] 블록의 현재 위치에서 시작하는 경로를 따라 단계를 수행할 수 있다.

❶ 작업 공간에 [상자] 블록 추가한다.

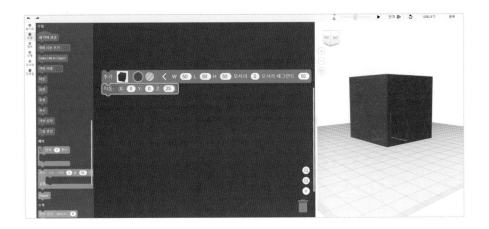

❷ [수정]에서 [이동] 블록을 블록 편집기로 드래그해 [상자] 블록 아래에 스냅 시킨다.

❸ [이동] 블록이 [상자] 블록 아래에 있으므로 3D 뷰어에서 [상자]를 이동하 는 데 사용할 수 있다. 'X' 축 필드를 클릭하고 50을 입력한다.

이제 실행버튼을 클릭하면 [상자]가 'X'축을 따라 50mm 이동한 것을 확인할 수 있다.

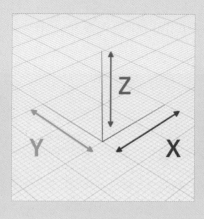

[상자] 쉐이프가 동일한 경로 (축)를 따라 반대 방향으로 움직이려면 어떻게 해야 할까?

Answer

숫자 그래프와 같이 '0'에서 시작하여 '50'으로 이동하려면 '50'으로 갈 때까지 '1' 씩 이동한다. 그래프에서 반대 방향은 '0'에서 시작하여 음수를 사용하여 이동하므로 반대 방향으로 '50' 단계 '–50'이다. 'X'축 필드에 '–50'을 입력하고 실행을 누르면, 반대 방향으로 움직인다. 이와 마찬가지로 'Y'축과 'Z'축의 숫자도 변경하며 이동방향을 확인한다.

■ 회전하기

[회전] 블록은 상위 도형 블록에 스냅하여 도형을 회전시킬 수 있다.

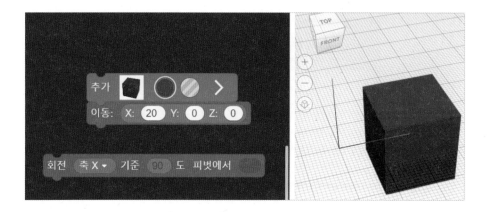

❶ [수정]에서 [회전] 블록을 선택하고 블록 편집 작업 영역으로 드래그 하여 맨 아래로 스냅 시키고 '축' 필드를 클릭해 3개의 축 가운데, 'X' 축을 선택한다.

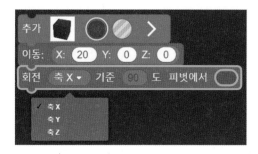

❷ '도(Degrees)' 입력란을 클릭하고 기준 값 90도를 다양한 값으로 변경하며, [상자] 동작을 확인한다.

TIP [회전]블록을 [상자]블록 바로 아래 배치하고 필드 내 숫자를 변경하며 [회전] 블록의 작동 방식을 확인한다.

▣ 색칠 선택하기

❶ 색상을 변경하려는 셰이프 블록에서 색칠된 원을 클릭해 컬러 메뉴를 열고 원하는 색상 견본을 클릭해 색상 메뉴 외부의 아무 곳이나 클릭하여 닫는다.

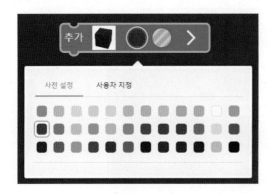

▣ 셰이프를 추가하거나 빼기

3D 도형이 겹치는 경우 더하기 및 빼기 작업을 코드블록으로 실행할 수 있다. 두 개의 겹치는 모양의 교차점을 보여주는 순서는 다음과 같다.

❶ 빨간 색 [원통] 과 노란 색 [원통]을 아래 그림과 같이 겹쳐서 시작한다

❷ 첫 번째 코드블록은 빨간 색 [원통]의 매개 변수 값을 그림과 같이 설정한다. [이동] 블록은 그 다음 추가된 노란색 [원통]과 교차 되도록, X 축 방향으로 8만큼 이동시킨다. 추가된 노란색 [원통]의 코드블록은 작업 평면 X = 0, Y = 0, Z = 0에 배치된다. 빨간 색 [원통]과 노란색 [원통]의 결합을 설정하는 데 사용하기 위해 [그룹 생성] 블록을 추가하고 색상은 녹색으로 지정하고 실행

버튼을 눌러 위의 코드블록 실행을 확인한다.

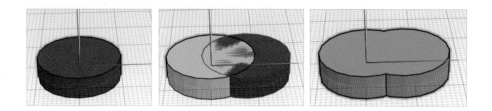

❸ 다음 순서는 위에서 시작한 것으로 돌아가서 그룹 생성 코드블록은 빨간 [실린더] '구멍'과 노란색 원통 모양으로 빼기 연산을 수행해 빨간 [실린더]를 '구멍'으로 변경한다.

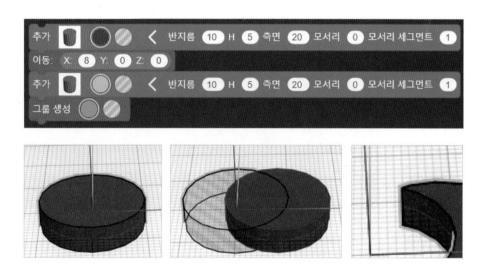

두 모양의 '교차점'은 공통점이 있는 영역이다.

• 도형 블록 중 하나는 '색상' 선택하고 빼기 작업을 수행하기 위해 나머지 도 형은 '구멍'으로 바꾼다.

• 위에서 형성된 구멍과 ❶에서 구멍으로 바뀌지 않은 모양으로 다른 빼기 작 업을 수행한다.

빨간 [실린더]에 '구멍'을 만들고 [이동] 블럭은 그것의 중심이 X = 8, Y = 0, Z = 0에 있도록 움직인다.

빨간색 [원통] '구멍'과 노란색 [원통]을 결합한 상태에서 [그룹 생성] 블록의 '구멍' 버튼이 선택된 상태라면, 결과 객체가 구멍으로 변환되었다.

이 결과 '구멍'은 원래의 것과 같은 노란색 [원통]과 결합되어 다른 감산 연산에 사용 된다. 결과 객체는 빨간색 [원통]과 노란색 [원통] 색 사이의 교차점으로서 [그룹 생성]블록은 녹색으로 표시된다.

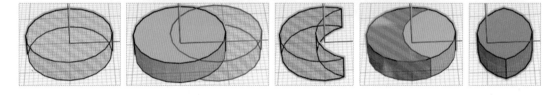

▣ 그룹화

그룹화는 틴커캐드에서 쉐이프에 해당하는 다양한 도형들을 서로 결합하여 모델링을 쉽게 이동하거나 수정할 수 있도록 하고, 3D 프린터 인쇄시 효율적이다.

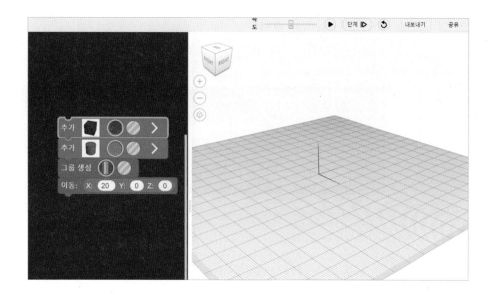

① [쉐이프] 블록 패널에서 [상자]와 [원통] 블록을 블록 편집기로 순서대로 이동하고 스냅 한다.

② [원통] 도형의 화살표 [〈]를 열고 반지름(6), H(높이: 30)값으로 지정한다.

③ [그룹 생성] 블록을 블록 편집기로 끌어 스택의 맨 아래에 스냅 시킨다.

④ [이동] 블록을 선택해 [그룹 생성] 블록 아래에 스냅 시키고 X , Y 값을 '10'으로 변경한다. '실행' 버튼을 클릭하여 모델링을 검토한다.

[그룹 생성] 블록 위나 아래 블록에 이동 또는 회전 블록을 추가하거나 다른 도형 블록을 추가하고 이동 또는 회전을 시도해본다.

■ 그룹 생성 블록을 사용하여 셰이프의 구멍 뚫기

[그룹 생성] 블록을 사용하여 쉐이프의 '구멍'을 자르는 방법을 확인한다. '구멍'은 다양한 도형의 모양으로 뚫기가 가능하다. [그룹 생성] 블록 사용하여 '일반 모양'과 '구멍'을 결합하면 활성화된다.

① [쉐이프] 블록 항목에서 [상자] 블록과 [원통] 블록을 편집기로 드래그해서 [원통] 블록을 [상자] 블록의 하단에 스냅 시킨다. 상자 높이를 줄이기 위해 [상자]블록 화살표 [〈]를 열고, H(높이) 숫자를 '10'으로 변경한다.

② [원통] 블록의 색상 필드 옆에 있는 '구멍' 필드가 있다. 이 버튼을 클릭하면 모양이 구멍으로 바뀌는 색상 필드가 선택 해제된다.

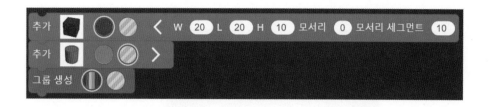

③ '실행' 버튼을 클릭하고 모양을 확인 한다. [상자]는 여전히 단색이며 [원통]은 투명하게 바뀌어 있다. [상자]와 [원통]이 만나는 곳을 살펴보면, 구멍이 [상자] 모양으로 뚫릴 위치를 보여준다.

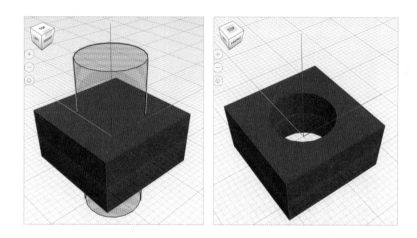

[그룹 생성] 블록을 블록 편집기로 끌어서 스택 맨 아래에 스냅 시킨다.

'실행'을 클릭하면, [그룹 생성] 블록 모양과 구멍을 결합하여 솔리드 상자에 [원통] 모양의 구멍이 남은 것을 볼 수 있다.

Quiz

[이동] 블록을 사용하여 [원통]을 [상자]의 가장 자리 쪽으로 움직이려면 어떻게 표현해야 할까?

▣ 도형 블록을 조립해서 로켓 만들기

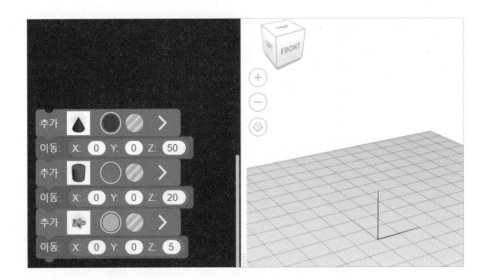

① [원추], [원통], [별], 이 세 가지 도형 블록을 블록 편집기로 드래그한다.

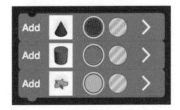

② [원통]의 화살표 [〈]를 열고 'H'(높이) 값을 '40'으로 변경한다.

❸ [별]의 화살표 [〈]를 열고 'Radius (반경)'을 '17'로 설정한다.

❹ 모든 도형이 중앙에 어떻게 떠 있는지 확인한다. '로켓'을 조립하기 위해 이동하고, [이동] 블록을 드래그하여 [원추]의 블록 아래에 추가하도록 한다.

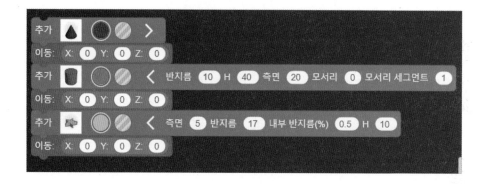

❺ [원통]이 작업 평면을 기준으로 위 아래에 위치해 있으므로 전체 높이의 절반을 계산하여 작업 평면의 상단으로 이동시킬 수 있어야 한다. [원통]의 [이동]블록의 'Z'축 필드에 '20'을 입력하고 실행(Run)버튼을 눌러 확인한다.

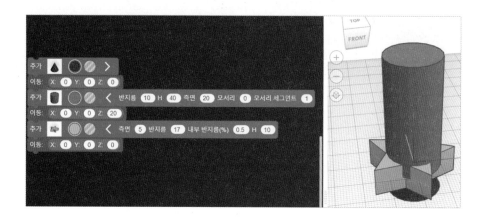

❻ [원통]이 작업 평면 위에 있고, [원추] 모양을 [원통]의 상단으로 이동할 수 있도록 이동 거리를 계산한다. [원추]의 [이동] 블록에 입력하고 실행(Run)버튼을 눌러 확인한다.

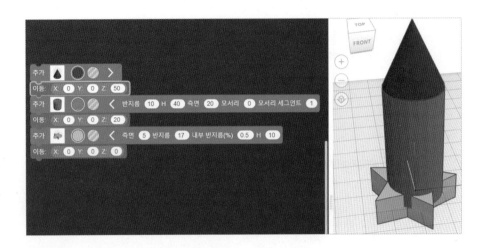

❼ [원추] 블록을 [원통] 블록 위에 올려 놓은 후, [별]을 위로 움직여 [원통] 아래부분에 위치를 잡아주기 위해, [별] 아래에 스냅 된 [이동] 블록의 'Z'필드에 숫자를 계산하고 입력 한 다음 실행(Run)버튼을 눌러 확인한다.

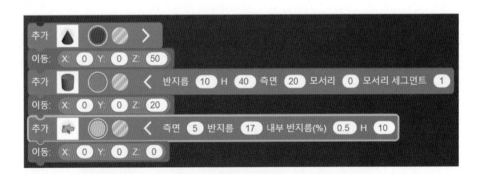

⑧ 로켓의 '별' 모양이 홀수의 수에 맞춰져서 약간 어긋난 것처럼 보일 경우, [별] 의 변의 수를 '6'으로 재 설정한다.

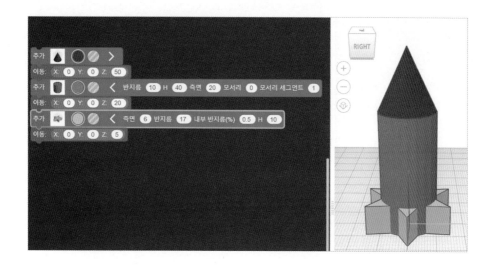

⑨ 디자인이 로켓처럼 보이는지 확인한다. 그리고 [이동]블록 및 [회전]블록을 이용해 본다.

Quiz

완성된 디자인을 응용해서 다른 디자인으로 변경하려면 어떻게 표현해야 할까?

▣ 디자인 저장하기

다른 디자인으로 넘어 가기 전에 모델링 중인 디자인을 저장하고 새 디자인을 선택한다. 디자인을 닫을 준비를 하려면 도구 모음에서 오른쪽 상단의 이름 필드를 선택 한 후, Rocket Design의 새 이름을 입력한다.

Rocket to Mars ✎

이름 필드 왼쪽에 있는 '코드블록' 버튼을 클릭하고 미니 대시 보드를 연다. 오른쪽 상단의 '새 디자인' 버튼을 클릭하고. 마지막 디자인을 현재 상태로 저장하고 새 디자인을 선택한다.

Codeblocks (NEW) ▼   New Design

▣ 디자인 .STL 파일로 내보내기와 인쇄하기

3D 프린터가 준비되어 있는 경우, 디자인을 .STL 파일로 내보내고 인쇄할 수 있다.

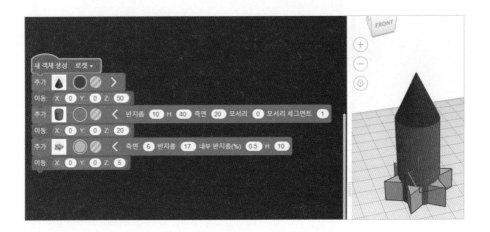

① 툴바에서 내보내기 버튼을 찾아 클릭한다.

② 메뉴에서 .STL 버튼 (또는 멀티 컬러 프린터로 인쇄하는 경우 .OBJ)을 클릭한다.

❸ 컴퓨터의 다운로드 폴더에서 디자인 이름을 찾는다. 프린터 소프트웨어를 사용하여 인쇄 할 파일을 준비한 후 파일을 프린터에 넣고 시작을 누른다.

▨ GIF 애니메이션 만들기

코드블록(Codeblocks)으로 디자인(Designs)한 파일이 자동 빌드되는 것을 확인하거나, 애니메이션으로 공유하기를 원할 때는 'Animated GIF'을 활용하도록 한다.

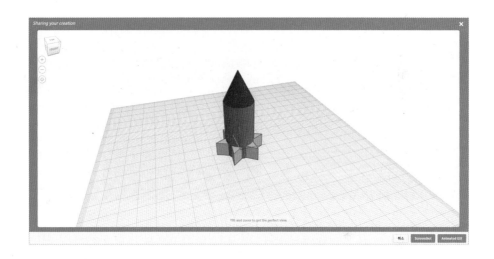

❶ 툴바에서 　공유　 버튼을 찾아 클릭한다.

❷ 궤도, 이동 및 확대 / 축소를 사용하여 3D 뷰어에 디자인을 배치하고, Animated GIF 를 클릭한다.

❸ 3D 뷰어 도구를 사용하여 모델을 중심으로 궤도를 돌면서 빌드 시퀀스의 특정 부분을 기록한다.

❹ 디자인이 완성 되면 이 도구는 이미지를 전체 애니메이션으로 조립한다. 디자인이 복잡한 경우 몇 분 정도 걸릴 수 있다. 완료되면 디자인 이름을 가진 .GIF 파일이 다운로드 폴더에 저장된다.

❺ 완료되면 닫기 단추를 사용하여 창을 닫고 코드블록 작업 공간으로 돌아간다. .GIF 애니메이션은 브라우저에서 확인 가능하다.

■ 재 사용을 위해 부품 제작 및 사용

[부품 만들기(PartMaker)]도구는 디자인을 하나의 결합된 부품으로 바꾸고 틴커캐드의 3D 작업 공간에 있는 [이 부품 컬렉션]으로 보내 다른 프로젝트에서 추가해 사용할 수 있다.

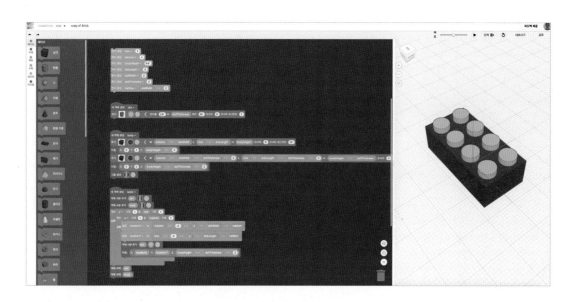

① 코드블록 디자인을 마무리하고, 툴바에서 내보내기 버튼을 찾아 클릭하고, 메뉴에서 부품 버튼을 클릭한다.

❷ 부품 대화 상자에서 이름, 설명 및 태그와 같은 부품 관련 기본정보를 추가하고, '부품 저장' 버튼을 클릭하면 작업 공간이 닫히고 코드블록(Codeblocks) 작업 공간으로 되돌아 간다.

❸ 코드블록(Codeblocks) 작업 영역을 떠나 3D 작업 영역에서 부품을 사용하려면 왼쪽 상단에서 틴커캐드 아이콘을 클릭한다.

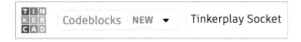

❹ [사용자 대시 보드]의 기존 디자인에서 'Tinker This' 버튼을 클릭하거나 '새 디자인' 버튼을 클릭한다.

⑤ 3D 작업 공간에서 오른쪽의 [기본 쉐이프] 버튼을 클릭하고, 드롭 다운 메뉴에서 '부품 컬렉션' 버튼을 선택한다.

⑥ 새 부품이 부품 컬렉션 상단에 나타난다.

⑦ 새로운 프로젝트에서 등록한 '새 부품'을 사용 할 때는 저장했던 이름의 부품을 찾아서 3D 작업 공간으로 드래그 해서 사용하도록 한다.

 TIP 부품을 제작하고 등록해 두면 반복적으로 수행하는 설계 작업할 때 많은 시간과 노력을 절약 할 수 있다.

4.4 | 항목별 코드블록 기능 개요

코드블록은 다양한 블록들이 기능별로 크게 6가지로 구분되어 있다.

▣ 셰이프 블록 기능

- [상자] 블록을 추가할 경우, 색상과 상자의 W(폭), L(길이), H(높이), 모서리, 모서리 세그먼트 값을 지정할 수 있다.

- [원통]은 색상과 반지름, H(높이), 모서리, 모서리 세그먼트 값을 지정할 수 있다.

- [구]는 색상과 반지름, 단계 값을 지정할 수 있다.

- [지붕]은 색상과 길이(L) 값을 지정할 수 있다.

- [원추]는 색상과 상단 반지름, 하단 반지름 그리고 높이 값을 지정할 수 있다.

- [원형지붕]은 색상을 지정할 수 있다.

- [문자]는 색상과 글꼴, H(높이), 모서리, 모서리 세크먼트 값을 지정할 수 있다.

- [쐐기]는 색상을 지정할 수 있다.

- [피라미드]는 색상과 측면값을 지정할 수 있다.

- [반구]는 색상을 지정할 수 있다.

- [폴리곤]은 색상, 측면, 모서리, 모서리 세그먼트값을 지정할 수 있다.

- [포물면]은 색상, 반지름, 높이(H), 측면값을 지정할 수 있다.

- [토러스]는 색상, 반지름, 측면, 튜브, 단계 값을 지정할 수 있다.

- [튜브]는 색상, 반지름, 벽 두께, H(높이), 측면, 모서리, 모서리 세그먼트 값을 지정할 수 있다.

- [하트]는 색상을 지정할 수 있다.

- [별]은 색상, 반지름, 내부 반지름(%), H(높이) 값을 지정할 수 있다.

- [별]은 색상, 반지름, 내부 반지름(%), H(높이) 값을 지정할 수 있다.

◾ 수정 블록 기능

- [새 객체 생성]은 새 객체를 생성해서, 객체의 이름을 지정하거나 변경 및 삭제할 때 사용되는 블록이다.

- [객체 사본 추가]는 특정 이름의 객체를 복사해서 색을 지정할 때 사용되는 블록이다.

- [Select All in Object]는 블록 패널 항목에 있는 모든 객체를 선택할 때 사용되는 블록이다.

- [객체 삭제]는 특정 객체를 삭제할 때 사용되는 블록이다.

- [이동]은 객체의 특정 축(X/Y/Z)축을 기준으로 이동할 때 사용되는 블록이다.

- [회전]은 객체의 특정 축(X/Y/Z)축을 기준으로 회전할 때 사용되는 블록이다.

- [축적]은 객체의 특정 축(X/Y/Z)을 축소 또는 확대할 때 사용되는 블록이다.

- [복사]는 객체를 복사 한 후 색상을 지정할 때 사용되는 블록이다.

- [색상 설정]은 블록은 객체의 색상을 지정할 때 사용되는 블록이다.

- [그룹생성]은 객체를 하나의 그룹으로 지정하고 색을 지정할 때 사용한다. 그룹생성은 기본 쉐이프에서 교차점을 뺀 다음, 나머지 기본 쉐이프를 구멍으로 바꾸는 경우 사용되는 블록이다.

▣ 제어 블록 기능

- 블록 안에 연결된 블록들을 특정 횟수만큼 반복하여 실행한다.

- 블록 안에 연결된 블록들을 '시작 값'에서 '기준 값' 단위로 증가하여 '끝 값'
이 될 때까지 반복하여 실행되는 블록이다.

- 실행을 정지할 때 사용되는 블록이다.

▣ 수학(Math) 블록 알아보기

- 특정 변수를 생성하고 초기값을 설정할 수 있다.

- 특정 변수의 설정값을 지정하고, 변수 생성과 같이 새로운 변수 생성도 가능
하다.

- 특정 변수의 값에 기준 값만큼 변경한다.

- 객체의 특정 축(X/Y/Z) 값을 입력한다.

- 객체의 특정 축(X/Y/Z)을 선택한다.

- 덧셈/뺄셈/곱셈/나눗셈 등 산술 연산에 사용한다.

- 수학 함수 값을 지정한다.

- 임의의 무자위 수(랜덤값)를 설정할 수 있다.

- 회전 값을 만든다.

▣ 데이터 블록 기능

현재 코드블록 파일에서 사용하는 객체 이름 및 변수 등을 사용할 때 해당 이름이 표시되며, 수정 블록 중 [새 객체 생성] 블록과 [객체 사본 추가]시 동그란 타원모양 필드에 스냅 해서 사용할 수 있다.

▣ 주석 블록 기능

- 모델링 실행과는 관계가 없으며, 설계된 코딩의 이해를 돕기 위해 보충 설명을 입력한다.

- 모델링 실행과는 관계가 없으며, 설계된 코딩의 이해를 돕기 위해 블록의 설명 메시지를 입력한다.

5

코드블록 응용

5.1 네임 플레이트 디자인

5.2 컵 코스타 디자인

5.3 테이블 디자인

5.4 로켓 디자인

5.5 크리스마스 트리 디자인

5.6 스타 티라이트 홀더 디자인

5.1 | 네임 플레이트 디자인

코드블록을 사용하여 네임 플레이트(명판) 프로젝트를 완성해본다.

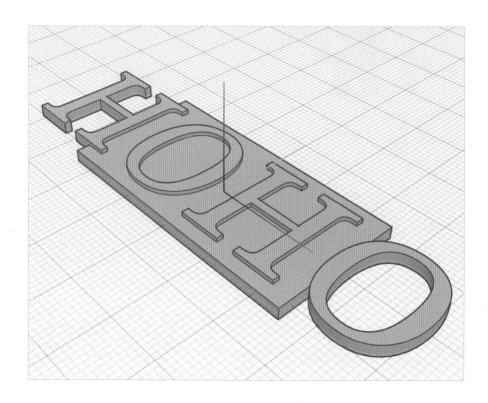

▨ Step

❶ 수정 항목에서 [새 개체 생성]을 블록 편집창으로 가져와, 객체의 이름을 [네임 플레이트]로 입력한 다음 [확인]을 클릭한다.

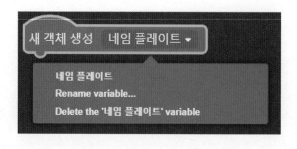

❷ [쉐이프] 블록 항목에서 명판의 받침대 역할을 할 [상자]를 추가한다. 색상을
선택후, 화살표 [〈]를 열고 [W(50), L(25), H(2), 모서리 세그먼트(1)]로 값을 지
정한다. 높이가 2mm 인 빨간 상자는 네임플레이트(명판)의 받침대 역할을 하게
된다.

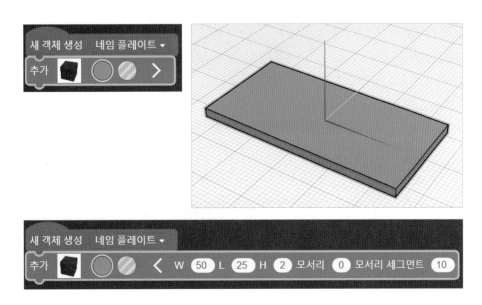

❸ [쉐이프] 블록 항목에서 문자를 추가하여 색상을 선택하고, 화살표 [〈]를
열고 [글 내용(HOHO), 글꼴(Serif), H(4)] 값을 지정한다.

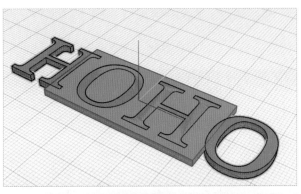

❹ [수정] 블록 항목에서 [이동] 블록은 텍스트를 기준 위에 가운데 맞추고 Z 값을 '0.75'로 수정해서 텍스트의 위치를 잡아준다.

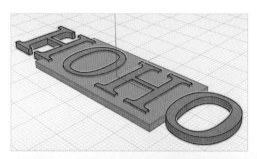

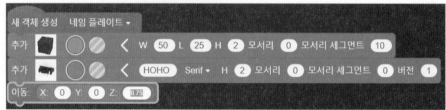

❺ 그룹 생성 코드블럭은 상자와 텍스트를 하나의 객체로 결합하는 역할을 한다.

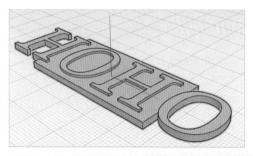

TIP [축적] 과 같은 크기 조정 코드블록을 사용해 텍스트의 특정 축(X/Y/Z)을 축소 또는 확대해 사용할 수 있다.

5.2 컵 코스타 디자인

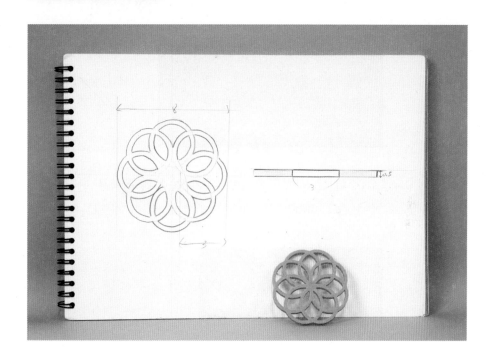

코드블록을 사용하여 컵 코스타(컵 받침대) 프로젝트를 완성해본다.

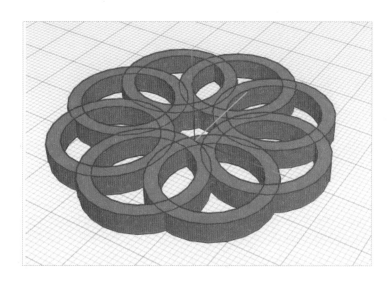

❶ [수정] 블록 항목에서 [새 개체 생성] 선택해 블록 편집으로 드래그 한 후, 객체의 이름을 '컵 코스타'로 입력한 다음 '확인'을 클릭한다.

❷ [수학] 블록 항목에서 [변수 생성] 선택해 블록 편집창으로 드래그 한 후, '컵 코스타' 변수를 선택하고 변수의 초기값을 '0'으로 지정한다.

❸ [튜브]를 추가하여 색상을 선택하고, 화살표 [〈]를 열고 [반지름(12), 벽 두께(2.5), H(4), 측면(24), 모서리(0), 모서리 세그먼트(1)]와 같이 값을 입력하여 적당한 크기의 '튜브'를 만든다.

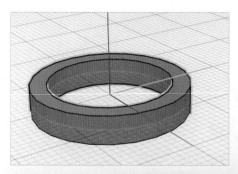

④ [수정] 항목의 [이동]을 가져와 위 코드블록들과 연결하고 X(0), Y(16), Z(2) 값으로 입력한다.

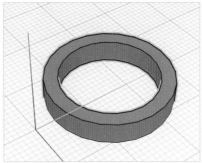

⑤ [수정] 항목의 [회전]을 가져와 축(Z), 기준(컵 코스타)도 피벗에서, X(0), Y(0), Z(0)값으로 입력한다.

⑥ [수학] 블록 항목에서 [변경]을 선택해 블록 편집창으로 드래그 한 후, 컵 코스타의 초기 변수의 값을 기준(45)로 변경한다.

❼ ❸∼❻ 블록 안에 연결된 블록들을 '8' 번 반복한다.

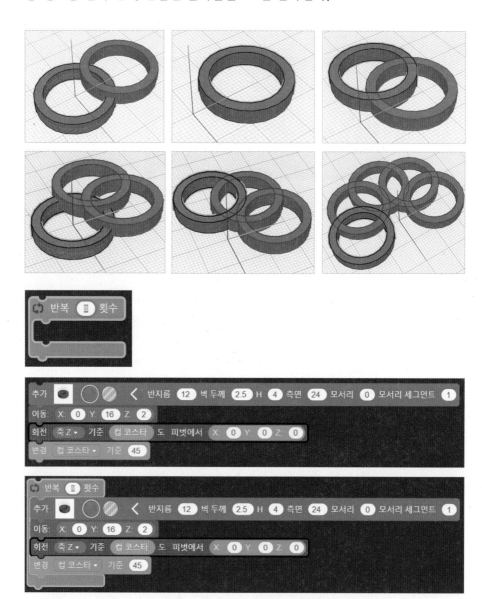

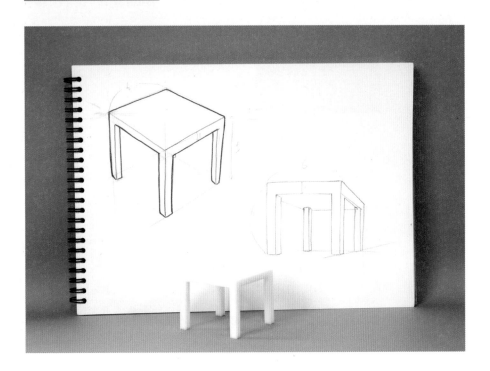

코드블록을 사용하여 테이블 제작 프로젝트를 완성해본다.

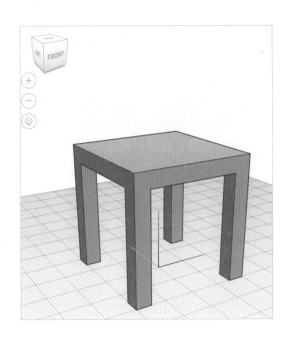

❶ [수정] 항목에서 [새 개체 생성] 블록을 블록 편집 창으로 가져와 [새 객체 생성] 블록을 선택하고, 객체의 이름을 [테이블]로 입력한 다음 [확인]을 클릭한다.

❷ 테이블 형태 만들기 위해 먼저, [쉐이프] 블록 항목에서 [상자]를 선택하여 색상을 선택하고, 화살표 [〈] 를 열고 [W(40), L(40), H(40), 모서리(0), 모서리 세그먼트(10)] 값으로 입력한다.

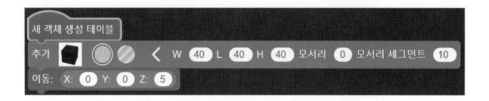

❸ 상자 두 개를 겹쳐서 테이블 다리 형태를 만들기 위해 [쉐이프] 블록 항목에서 [상자] 블록 2개를 더 추가한다. 추가한 두 개의 [상자]의 색상은 첫 번째 상자와 동일한 색상으로 선택하고, 화살표 [〈]를 열고 [W(40), L(30), H(40), 모서리(0), 모서리 세그먼트(10)], [W(30), L(40), H(40), 모서리(0), 모서리 세그먼트(10)]값으로 각각 지정한다.

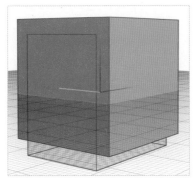
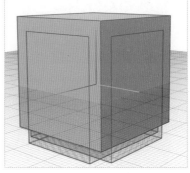

④ 겹쳐진 3개의 [상자] 블록 중, 하나는 색상 선택하고, 나머지 두 개 상자는 뚫기 작업을 수행하기 위해 '구멍'으로 바꾼다. [그룹 생성]을 추가하고 확인해 보면 테이블 다리 형태와 같은 모양을 확인 할 수 있다.

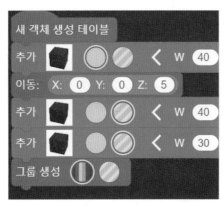
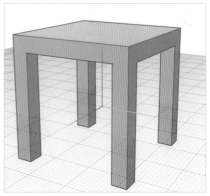

⑤ 테이블이 작업 평면 그리드에 걸쳐져 있으므로 'Z'축 값을 '15'로 변경해 작업 평면의 상단으로 이동시킨다.

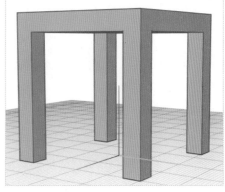

Project Introduction

코드블록을 사용하여 로켓 디자인 프로젝트를 완성해본다.

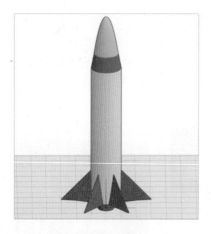

▣ Step

① [수정] 패널에서 [새 객체 생성] 블록을 선택하고 객체의 이름을 '로켓'으로 입력한다.

❷ [쉐이프] 패널에서 [원통] 블록을 추가하여 색상을 선택하고, 화살표 [〈] 를 열고 [반지름(10), H(90), 측면(24), 모서리(0), 모서리 세그먼트(1)] 값으로 지정해 적당한 크기의 원통을 만든다.

❸ [원통]이 작업 평면을 기준으로 위 아래에 위치해 있으므로 'Z'축 필드에 '35'를 입력하고 '실행' 버튼을 클릭하여 모델링을 검토한다.

❹ [포물면]을 추가하여 색상을 선택하고, 화살표 [〈]를 열고 [반지름(8), H(25), 측면(24)] 값으로 입력해 적당한 크기의 [포물면]을 만든다. 작업 평면 위에 있는 [원통]의 상단으로 [포물면]이 이동해 빈 공간을 두고 위치하기 위해 이동 거리를 계산해 [이동] 블록의 'Z'축에 '102.5'를 입력하고 '실행' 버튼을 클릭하여 모델링을 검토한다.

⑤ [원통]과 [포물면]이 그림과 같이 작업 평면 위에 있다. 다음은 [원추]를 [원통]과 [포물면] 사이로 이동할 수 있도록 이동 거리를 계산하고 [이동] 블록의 'Z'축 에 '85'을 입력하고 '실행' 버튼을 클릭하여 모델링을 검토한다.

⑥ 로켓트의 날개부분을 만들기 위해 [쉐이프] 패널에서 [별] 블록을 추가 하여 색상을 선택하고, 화살표 [〈]를 열고 [측면(6), 반지름(30), 내부반지름 (%:25), H(30)] 입력한다. 그리고 별 모양이 [원통] 아래 부분에 위치하도록 [이동]블록을 추가하고 'Z'축에 '5'를 입력하고 '실행' 버튼을 클릭해서 모델링을 검토한다.

 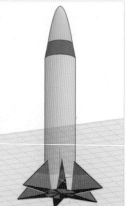

❼ [별] 블록을 하나 더 추가한다. 순서 ❻번과 동일한 색상을 선택하고 화살표 [〈]를 열고 [측면(6), 반지름(25), 내부반지름(%: 25) H(3)] 값으로 입력하고, ❻번 [별] 모양과 마주보며 위치할 수 있도록 [회전] 블록을 추가하고 'X' 축 기준으로 '180도' 입력 한다.

❽ ❼번 과정에서 작업한 두 번째 [별]이 첫 번째 [별]보다 로켓 아래쪽에 위치할 수 있도록 [이동] 블록 'Z'축에 값 11.5을 입력해서, 겹쳐진 날개모양의 [별]이 보일 수 있도록 하고, '실행' 버튼을 클릭하여 모델링을 검토한다.

❾ 로켓 꼬리부분을 설계하기 위해 [쉐이프] 패널에서 [원추] 블록을 추가하여 색상을 선택한다. 먼저 화살표 [〈]를 열고 [상단반지름(8), 하단반지름(5), H(6), 측면(24)]의 적당한 크기의 원추를 만들고 로켓트 가장 끝 부분에 위치하도록 [이동] 블록의 'Z'축에 −13으로 값을 입력하고 '실행' 버튼을 클릭하여 모델링을 검토한다.

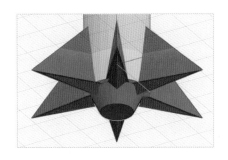

추가 ◆ ◯ ◯ ⟨ 상단 반지름 8 하단 반지름 5 H 6 측면 24
이동: X: 0 Y: 0 Z: -13

새 객체 생성   로켓 ▾
추가 ▯ ◯ ◯ ⟨ 반지름 10 H 90 측면 24 모서리 0 모서리 세그먼트 1
이동: X: 0 Y: 0 Z: 35
추가 ◢ ◯ ◯ ⟨ 반지름 8 H 25 측면 24
이동: X: 0 Y: 0 Z: 102.5
추가 ◆ ◯ ◯ ⟨ 상단 반지름 8 하단 반지름 10 H 10 측면 24
이동: X: 0 Y: 0 Z: 85
추가 ✦ ◯ ◯ ⟨ 측면 6 반지름 30 내부 반지름(%) .25 H 30
이동: X: 0 Y: 0 Z: 5
추가 ✦ ◯ ◯ ⟨ 측면 6 반지름 25 내부 반지름(%) .25 H 3
회전 축 X ▾ 기준 180 도 피벗에서
이동: X: 0 Y: 0 Z: -11.5
추가 ◆ ◯ ◯ ⟨ 상단 반지름 8 하단 반지름 5 H 6 측면 24
이동: X: 0 Y: 0 Z: -13
그룹 생성 ◗ ◯
이동: X: 0 Y: 0 Z: 16

크리스마스 트리 디자인

코드블록을 사용하여 크리스마스트리 프로젝트를 완성해본다.

❶ [수정] 항목에서 [새 개체 생성]을 블록 편집 창으로 가져와 객체의 이름을 '크리스마스 트리'로 입력한다.

❷ 크리스마스 트리 하단덮개를 만들기 위해 [쉐이프] 패널에서 [튜브] 블록을 추가하여 색상을 선택한다. 화살표 [＜]를 열고 [반지름(20), 벽두께(10) H(10), 측면(24), 모서리(0), 모서리세그먼트(0)] 값으로 입력 후 [이동]블록을 추가하고 'Z'축에 '5'를 입력해서 튜브 위치를 'Z'축' 방향으로 올린다.

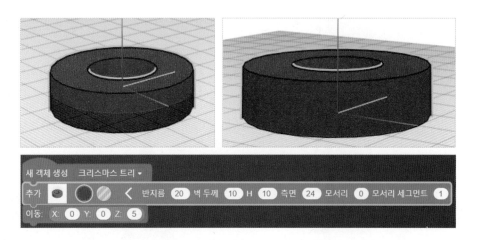

❸ 크리스마스 트리 기둥은 [쉐이프] 패널에서 [원통] 블록을 추가하여 색상을 선택하고, 화살표 [＜]를 열고 [반지름(10), H(30), 측면(20), 모서리(0), 모서리 세그먼트(3)] 값으로 입력 후 [이동] 블록을 추가하고 'Z'축에 '15'를 입력해서 튜브 중앙에 원통을 위치시킨다.

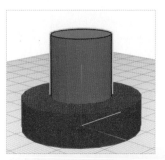

④ 크리스마스 트리 모양은 [쉐이프] 패널에서 [원추] 블록을 추가 하여 색상
을 선택하고, 화살표 [〈]를 열고 [상단반지름(0), 하단반지름(30), H(30), 측
면(20)] 값으로 입력한다. [이동] 블록을 추가하고 'Z'축에 '35'를 입력해서 원통
중간쯤에 위치시킨다.

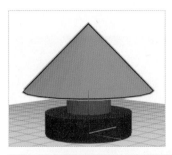

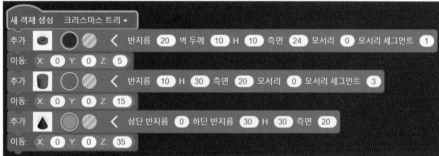

❺ ❹번에서 [원추]로 만든 트리 모양을 반복해서 사용하기 위해 [제어]에서 [반복] 블록을 추가하여 블록 안에 연결된 [이동] 블록과 [축적] 블록에 입력한 값을 '4'번 반복하여 실행한다. 이때 [반복] 블록 안에 연결된 [이동] 블록 값은 (X:0, Y:0, Z:0), [축적] 블록 값은(X:0.8, Y: 0.8, Z:1) 값으로 입력해, 복사된 트리 모양의 위치와 크기를 조정한다.

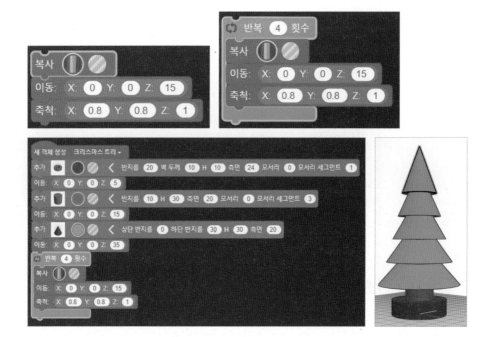

❻ ❺번 과정을 통해 완성된 트리에 달아 줄 '별'을 만들기 위해 [별] 블록을 추가하여 색상을 선택하고, 화살표 [〈]를 열고 [측면(6), 반지름(60), 내부반지름(%: 0.5), H(5)] 값으로 입력한다.

❼ ❻번 과정을 통해 완성된 '별'을 트리 맨 위쪽에 달아주기 위해 [별] 블록 아래에 [회전] 블록을 2개를 추가한다. 첫 번째 [회전] 블록 값은 [회전(X축), 기준(90)도 피벗에서], 두 번째 [회전] 블록 값은 [회전(Y축), 기준(−13)도 피벗에서] 값으로 입력해 별의 방향을 조정한다.

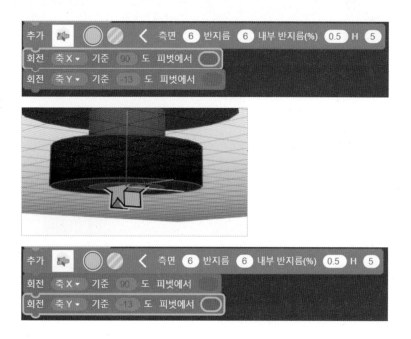

❽ 마지막으로 [이동] 블록을 추가하고 'Z'축에 '110'를 입력해서 트리 맨 위쪽으로 별의 위치를 조정한다.

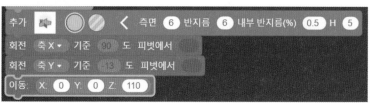

Project Introduction

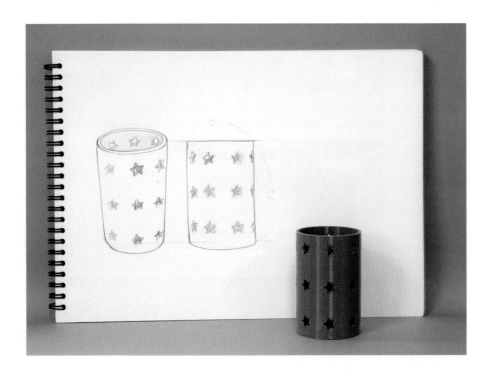

코드블록을 사용하여 별 모양 티 라이트 홀더(Star Tea Light Holder) 프로젝트를 완성해보자.

❶ [수정] 블록에서 [새 개체 생성]을 선택하고 블록 편집 작업 영역으로 드래그 하여 모델링 할 객체 이름을 '홀더'로 정한다.

❷ 먼저 캔들 홀더를 만들기 위해 [쉐이프] 패널에서 두 개의 [원통] 블록을 추가한다.

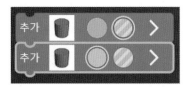

❸ 첫 번째 [원통]은 색상 옆의 회색 원을 선택하여 두 번째 '구멍'을 선택한다. 화살표[〈]를 열고 [반지름(23), H(80), 측면(64), 모서리(0), 모서리 세그먼트(1)] 값으로 지정한다. [이동] 블록을 추가하고 X(0), Y(0), Z(42) 값으로 지정한다. 코드블록은 연결된 객체에만 영향 준다.

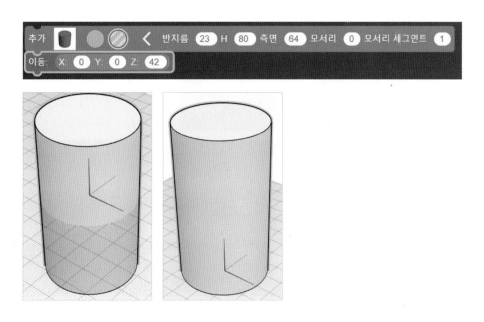

❹ 두 번째 [원통]은 색상을 '색상'을 지정하고 화살표 [⟨]를 열고 [반지름 (23), H(76), 측면(64), 모서리(0), 모서리 세그먼트(1)] 값으로 지정한다. [이동] 블록을 추가하고 X(0), Y(0), Z(38) 값으로 지정한다.

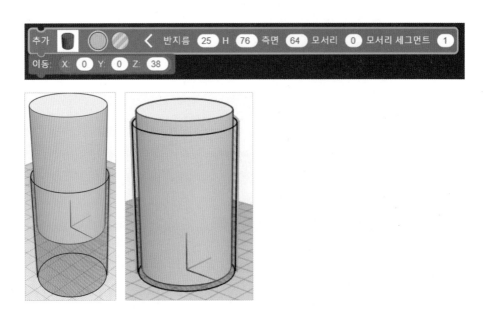

❺ 두 번째 [원통] 모양이 첫 번째 [원통] 안에서 그룹 생성 코드블록을 추가하면, 빼기 작업에서 핑크색 '구멍' 원통과 노란색 원통을 결합하면 객체 가운데 구멍이 뚫린다.

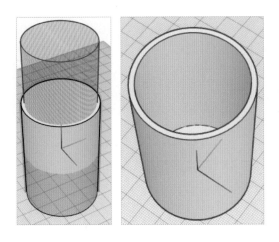

⑥ 만들어진 캔들 홀더에 사용될 별 모양 패턴을 만들기 위해 [수정] 블록에서 [새 개체 생성]을 선택하고 블록 편집 작업 영역으로 드래그하여 모델링 할 객체의 이름을 '별 패턴'으로 정의한다.

⑦ 별 모양 패턴을 만들기 위해 [쉐이프] 블록에서 [별] 블록을 선택해 색상을 지정 하고 화살표 [〈]를 열어 [측면(5), 반지름(5), 내부지름(%)(0.5), H(10)] 값을 입력한다. 이어서 별 패턴이 티 라이트 홀더의 벽과 교차하도록 하기 위해서 [수정] 항목의 [이동] 블록을 가져와 X(0), Y(27), Z(11.5) 값을 입력해서, Y 방향과 Z 방향으로 움직인다. 패턴의 시작 위치를 확인하고, [수정] 항목의 [회전] 블록을 가져와 축(X), 기준(90)도 피벗에서 값으로 입력하고 회전해서 배치한다.

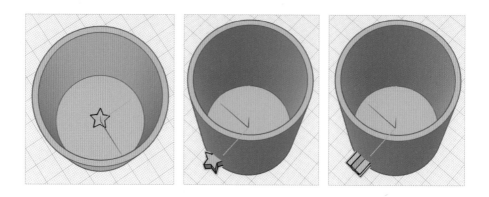

⑧ 별 패턴 코드블록은 티 라이트 홀더가 되는 원통 아래 부분에 패턴을 배치해 장식하는 데 사용된다. 개수 'i' 가 '0'부터 '7'까지 '1'씩 증가할 때 마다, 기준점 X(0), Y(0), Z(0)에서, 'Z'축을 기준으로 i*360/8 도 만큼 회전하면서 별 패턴 객체가 8번 복사된다.

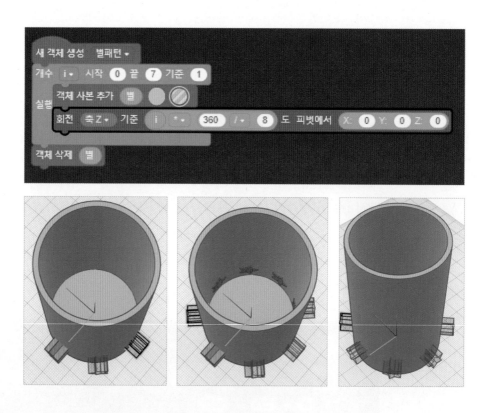

⑨ '별 패턴 복사'는 ⑧번 과정에서 만들어 둔 '별 패턴'을 홀더 하단에서 상단 부분까지 덮을 수 있도록, 개수 'j'가 '0'부터 '2'까지 '1'씩 증가할 때 마다, X(0), Y(0), Z(j*27)으로 이동하면서 별 패턴 객체가 복사된다.

⑩ ⑨번 과정을 통해 '별 패턴'이 티 라이트 홀더 전체를 덮는다.

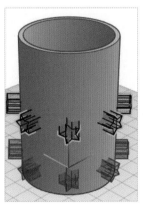 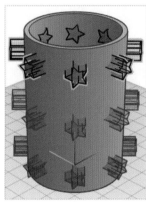 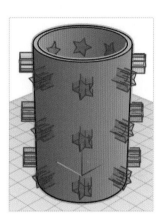

⑪ '별 패턴'과 홀더가 되는 원통을 삭제한다. 이 과정을 통해 템플릿을 변경하지 않고 복제된 모양을 그룹화 할 수 있기 때문이다.

모델링 공유하고
3D 프린터로
출력

6 CHAPTER

3D프린터 작동 방법

6.1 모델링 공유/3D 프린터로 출력

6.2 슬라이싱 프로그램 종류와 설치방법_Cura/3DWOX/Cubicreator

6.3 출력(인쇄)시 오류 관련 설명

6.1 | 모델링 공유/3D 프린터로 출력

01 가져오기

3D (*.STL / *.OBJ) 또는 2D(*.SVG) 파일을 가져오기 할 수 있다. [가져오기] 버튼을 클릭하고 [쉐이프 가져오기] 창이 뜨면 STL/OBJ 폴리곤 메쉬로 만들어 진 3D 데이터 또는 SVG 벡터 이미지를 가져올 수 있다.

02 내보내기

3D(*.STL/*.OBJ/*.GLTF) 또는 2D(*.SVG) 파일을 내보내기를 할 수 있다.

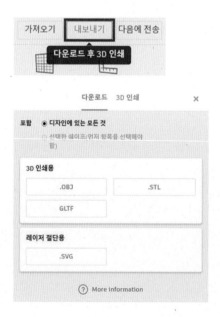

03 다음에 전송

[사용자 초대] 버튼을 클릭하고 [새링크생성], [링크복사]를 한 후 이메일 등을 통해 다른 사용자와 디자인을 공유하고 변경할 수 있다.

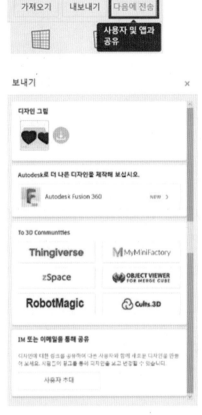

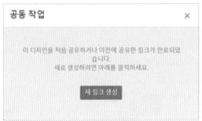

04 쉐이프 공개하기

① 제작한 모델링 파일 플랫폼에 공유하기

제품을 모델링 후 [최근 디자인] 버튼을 클릭한다.

현재 모델링 화면의 설정 버튼을 클릭한 후 [디자인 특성]에서 [공용]을 선택한 후 [변경 사항 저장]을 선택한다.

[공용]을 선택한 쉐이프는 [공개]로 설정되어있다.

② 공유한 파일 검색어에서 찾아보기

대쉬보드의 검색창에서 공유한 파일을 찾아본다.

③ 공유한 모델링 작품 출력해보기

검색창에 원하는 검색명을 넣고 원하는 작품을 선택한 후 [복사하여 편집]을 선택하거나 [다운로드]를 선택하여 출력할 수 있다.

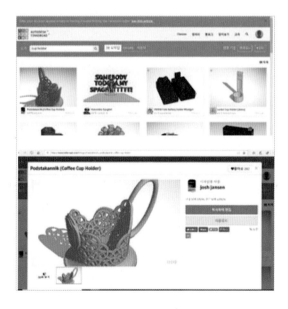

슬라이서 프로그램 운용(checklist)을 설명한다.

⬚ Cura

■ 실행 및 프린터 설정

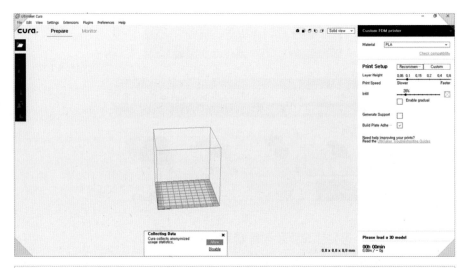

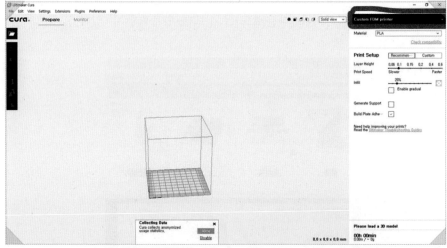

❶ Cura 아이콘을 클릭하여 실행한다.

❷ 기본 메뉴 바의 설정에서 프린터를 클릭하고 프린터 종류를 선택한다.

■ STL 파일 불러오기

출력하고자 하는 3차원 모델을 프로그램으로 가져 온다.

(지원 파일의 확장자: .stl, .obj, .3mf, .gcode, .bmp, .jpg, .png 파일)

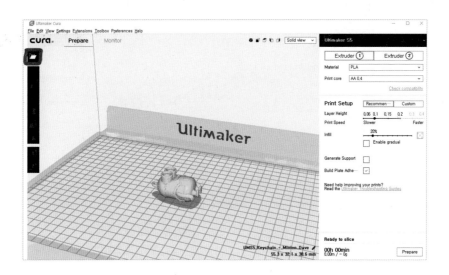

화면 상단 좌측 '파일 열기(Open File)' 버튼을 클릭하고 파일을 선택하면 3차원 모델 파일이 화면과 같이 프린터 베드에 올려진 모습이 나타난다.

■ 객체의 회전

화면 좌측에 '회전(Rotate)' 버튼을 클릭하면, 화면상의 모델을 선택하여 3축 방향으로 원하는 각도만큼 회전시킬 수 있다.

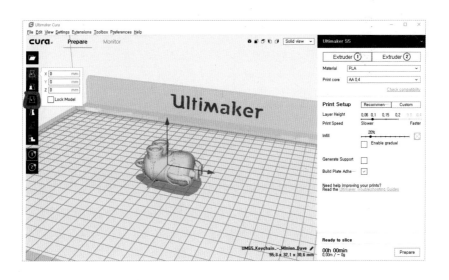

■ 객체의 확대 및 축소

화면 좌측에 '스케일(Scale)' 버튼을 클릭하면, 화면상의 모델을 선택하여 배율이나 길이 단위로 크기를 변경할 수 있다.

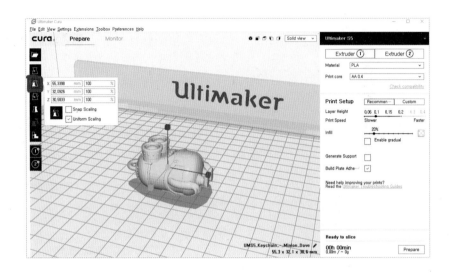

■ 이동

화면 좌측에 '이동(Move)' 버튼을 클릭하면, 화면상의 모델을 선택하여 3축 방향으로 이동할 수 있다.

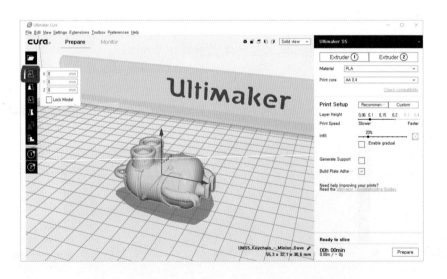

■ 사용자 정의

사용자 정의 프린팅 설정은 미세하게 설정을 조정할 수 있다.

1. 품질(Quality)

   층 높이(Layer Height): 각 층의 높이이며, 값이 클수록 해상도가 낮고 프린팅 속도가 빨라지며 값이 작을수록 해상도가 높고 프린팅 속도가 느려진다.

2. 외곽(Shell)

   • 벽 두께(Wall Thickness): 가로 방향의 벽 두께

   • 상단/하단 두께(Top/Bottom Thickness): 출력물의 상단/하단 레이어의 두께

3. 내부채움(Infill)

   • 내부채움 밀도: 출력물의 내부채움을 조절

   • 내부채움 패턴: 프린트 내부채움 재료의 패턴

4. 재료(Material)

   리트렉션 활성화(Enable Retraction): 노즐이 프린팅 되지 않은 영역위로 움직 일 때 필라멘트를 뒤로 빼는 것

5. 속도(Speed)

   프린팅 속도(Print Speed): 프린팅 속도를 조절

6 이동(Travel): 리트렉션했을 때의 Z Hop(Z Hop When Retracted)

리트렉션이 일어날 때마다 빌드 플레이트가 낮아져 노즐과 출력물 사이에 여유 공간이 생긴다. 이동 중에 노즐이 출력물에 부딪치지 않도록 해야 한다.

7 냉각(Cooling)

프린팅 냉각 사용(Enable Print Cooling) 프린팅 중에 프린팅 냉각 팬을 활성화한다.

8 서포트(Support)

서포트 생성(Generate Support) 오버행이 있는 모델 부분을 서포트하는 구조로 생성 되므로, 이러한 구조가 없으면 프린팅 중에 붕괴된다.

9 빌드 플레이트 부착(Build Plate Adhesion)

빌드 플레이트 고정 유형(Build Plate Adhesion Type) 빌드 플레이트에 대한 접착력을 향상시키는데 도움이되는 다양한 옵션이다.

3DWOX

3DWOX 실행 및 프린터 설정

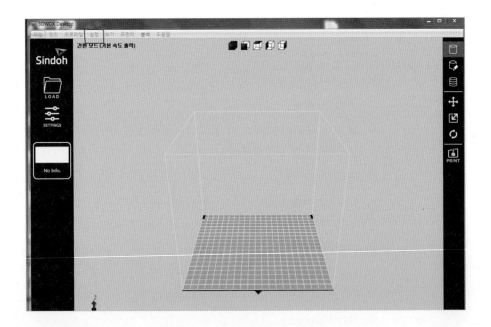

① 3DWOX 아이콘을 클릭하여 실행한다.

② 기본 메뉴 바의 설정에서 '프린터 설정'을 클릭한다.

③ 프린터 모델을 선택한다.

■ STL 파일 불러오기

출력하고자 하는 3차원 모델을 프로그램으로 가져오고 화면에 보이도록 한다.
(지원하는 파일 확장자는 ply, obj, .stl)

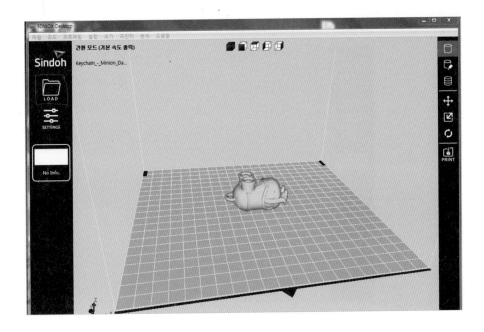

① 화면 좌측 'LOAD' 버튼을 클릭한다.

② 파일을 선택하면 3차원 모델 파일이 화면과 같이 프린터 베드에 올려져 있다.

■ 객체의 회전

화면 우측에 '회전(Rotation)' 버튼을 클릭하면, 화면상의 모델을 선택하여 3축 방향으로 원하는 각도만큼 회전시킬 수 있다.

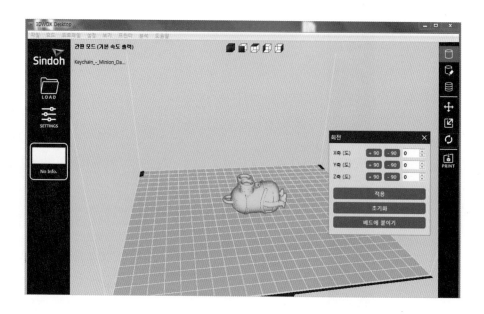

■ 객체 확대 및 축소

화면 우측에 '확대/축소(Scale)'를 클릭하면 화면상의 모델을 선택하여 배율이나 길이 단위로 크기를 변경할 수 있다.

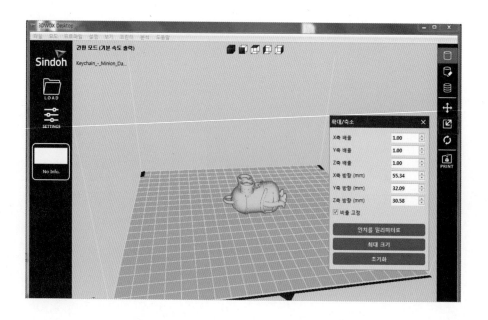

■ 이동

화면 우측에 '이동(Move)' 버튼을 클릭하면, 화면상의 모델을 선택하여 2축
(x,y축) 방향으로 이동할 수 있다.

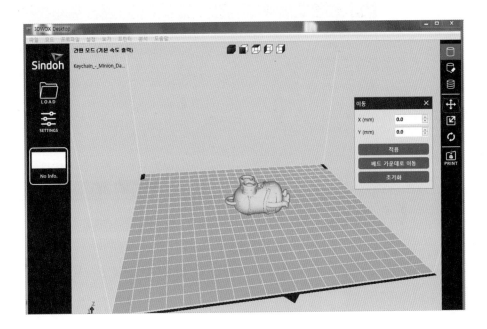

[간편모드]

간편모드는 미리 저장된 프로파일 설정 값을 사용한다.

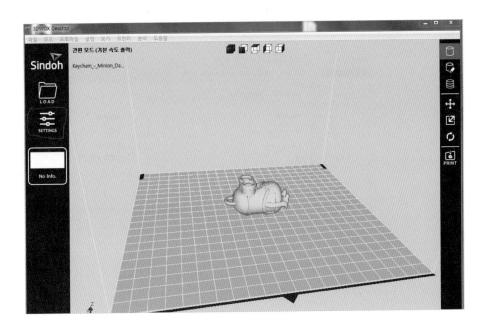

❶ 기본 메뉴 바의 모드에서 '간편모드'를 클릭하고,

❷ 화면 좌측 'SETTING'버튼을 클릭한다.

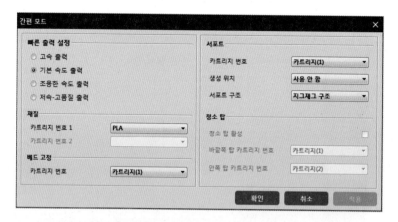

① 빠른 출력 설정(Quick Print Profile): 프린터의 출력속도를 설정한다.

② 재질(Material): 소재의 종류를 PLA나 ABS로 설정한다.

③ 서포트(Support): 서포트 생성에 대한 설정을 한다.

[고급모드]

고급모드는 자세한 값들을 사용자가 직접 입력할 수 있다.

■ 기본설정

사용자 정의 프로파일을 수정할 수 있다.

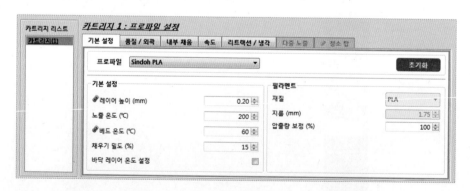

■ 품질/내부 채움(Quality/Infill)

외벽, 아랫면/윗면 두께나 내부 채움에 대한 값을 세팅할 수 있다.

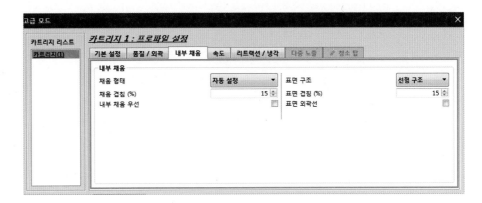

■ 속도(Speed)

프린팅 속도나 이동 속도를 제어할 수 있다.

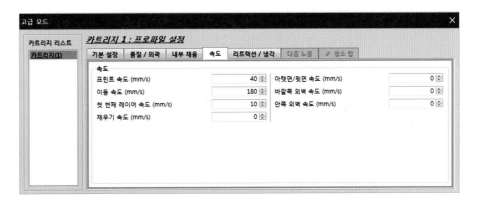

■ 리트랙션/냉각(Retraction/Cooling)

필라멘트의 리트랙션 동작과 노즐의 냉각팬 제어에 대한 값을 세팅할 수 있다.

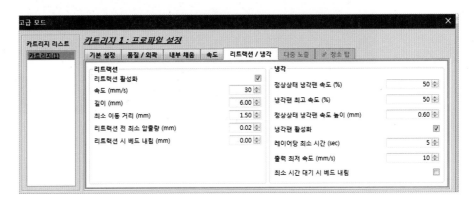

■ 서포트(Support)

서포트의 위치나 서포트의 구조에 대한 설정을 한다.

◻ **Cubicreator**

■ Cubicreator 실행 및 제품 모델 설정

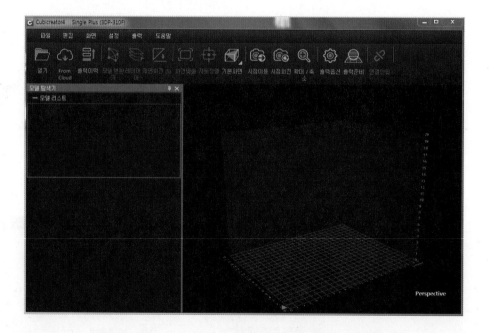

❶ Cubicreator 아이콘을 클릭하여 실행한다.

❷ 기본 메뉴 바의 설정에서 '환경설정'을 클릭한다.

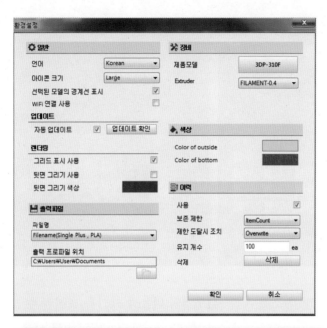

■ 객체 확대 및 축소

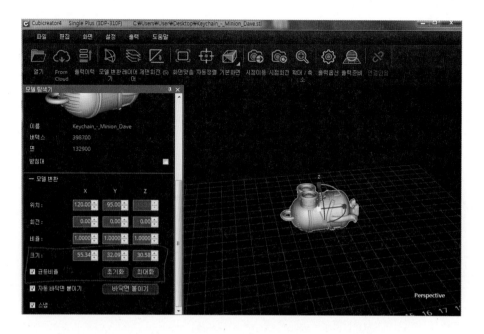

객체 확대 및 축소를 통해 3D모델의 비율과 크기를 조절할 수 있다.

• 균등비율은 모델의 크기 변환시, X, Y, Z 원본 비율에 맞출지, 아니면 자유롭게 비율 조절할지 설정한다.

• 초기화는 편집중인 모델을 로드된 초기의 상태로 되돌린다.

• 최대화는 로드된 모델을 현재 장비의 Build Platform에 맞추어 최대 크기로 확대한다.

■ 객체의 이동

객체의 이동을 통해 3D모델의 위치를 이동할 수 있다.

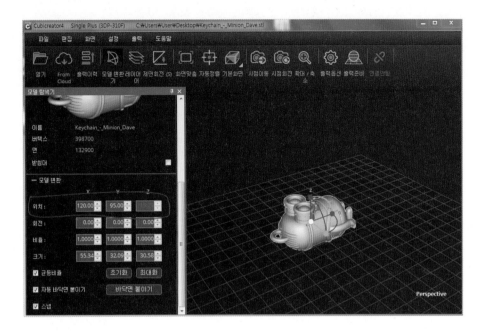

[기본옵션]

기본 옵션은 초보 사용자가 직관적으로 쉽게 옵션을 변경할 수 있다. 출력상
단 메뉴의 '출력옵션' 아이콘을 클릭한 뒤 상세 옵션을 선택한다.

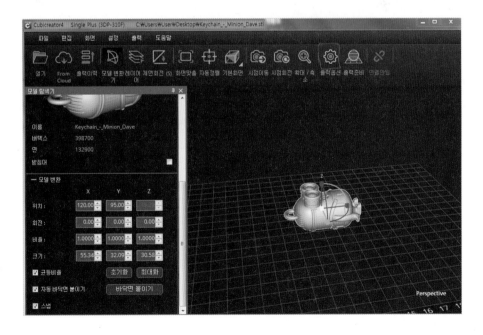

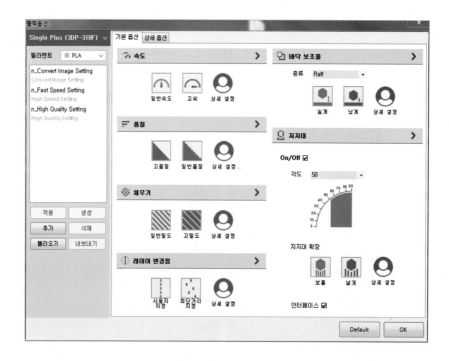

[상세옵션]

상세 옵션은 여러 가지 출력 옵션 모두를 사용자가 세밀하게 설정 할 수 있다.

* 품질(Quality): 레이어의 라인, 두께, 폭 등을 설정할 수 있다.

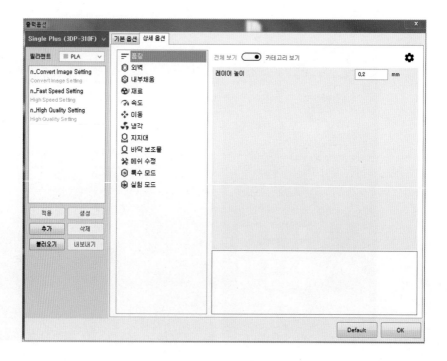

- 외벽(Shell): TOP/BOTTOM 및 벽에 해당하는 옵션을 설정할 수 있다.

- 내부채움(Infill): 내부 채움과 관련된 옵션을 설정 할 수 있다.

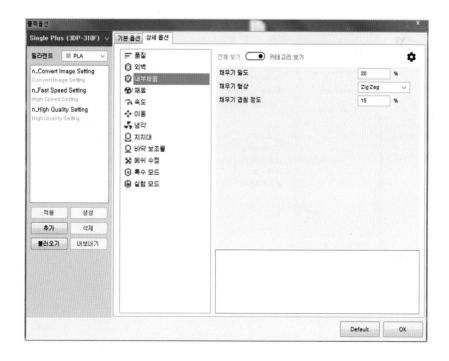

• 재료(Material): 소재의 온도 및 압출, 리트렉션등의 옵션을 설정할 수 있다.

• 속도(Speed): 출력 속도와 관련된 옵션을 설정할 수 있다.

- 이동(Travel): 노즐이 출력을 하지 않고 이동할 때의 옵션을 설정할 수 있다.

- 냉각(Cooling): 조형팬과 관련된 옵션을 설정할 수 있다.

• 지지대(Support): 지지대와 관련된 옵션을 설정할 수 있다.

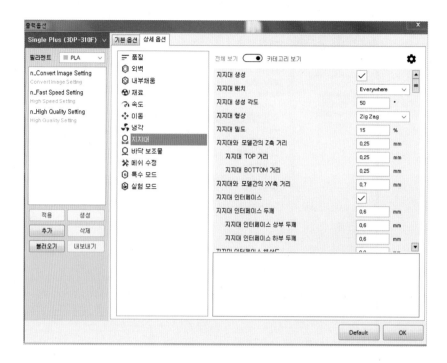

• 바닥보조물(Build Plate Adhesion): Raft, Brim, Skirt등의 옵션을 설정할 수
있다.

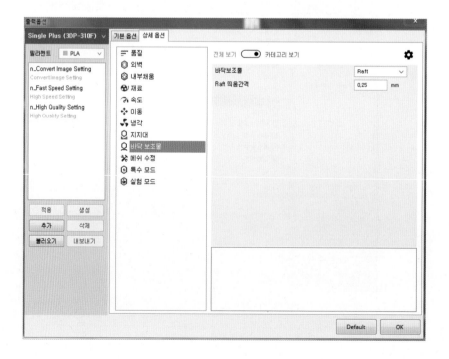

- 메쉬 수정(Mesh Fixes): 잘못된 Mesh를 가진 3D모델을 출력할 수 있게 한다.

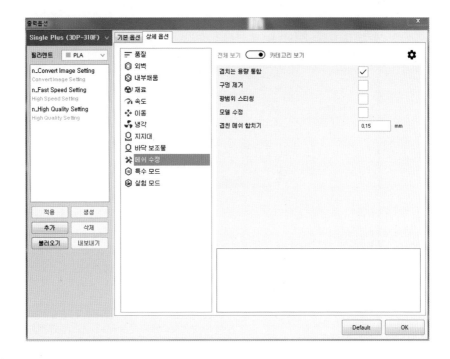

- 특수모드(Special Modes): 출력 순서 선택, Mold 등의 특수한 옵션

* 실험모드(Experimental): 실험적인 설정

6.3 | 출력(인쇄)시 오류 관련 설명

■ 소재가 압출되지 않는 오류

01 압출 노즐이 막힌 경우

일반적인 FFF(Fused Filament Fabrication) 방식의 3D프린터는 가는 선으로 만들어진 필라멘트를 Extruder(압출기)에 공급하고 Extruder내에서 필라멘트를 녹여 기어의 힘으로 밀어내며 원하는 위치로 이동하여 토출하면서 출력물을 만들어 내는 방식이다. 필라멘트를 이동시키는 기어와 필라멘트를 녹여내는 Extruder의 노즐 그리고 필라멘트가 이동하는 경로는 프린터에서 중요한 부분이고 가장 고장이 많이 발생하는 곳이다.

프린터의 노즐 내부에 이물질이 들어가거나, 가열된 소재가 노즐 내부와 너무 오래 접촉해 있는 경우 혹은 노즐의 냉각이 정상적으로 이루어지지 않아 소재가 노즐 내부의 용융부 이외의 부분에서 용융되는 경우에 압출 노즐이 막히는 현상이 발생한다. 압출 노즐이 막혔을 때에는 노즐의 온도를 올린 후, 장비 구성에 포함되어 있는 노즐을 뚫는 공구 등의 도구를 노즐 내부로 밀어 넣어서 대처하는 것이 좋다. 이 방법으로 해결이 어려운 경우에는 노즐을 분해하여 청소한 후 결합하는 방법으로 대처할 수 있다.

02 필라멘트 교체시 오류로 노즐이 막힌 경우

동일한 Extruder에서 여러 종류의 필라멘트를 사용할 경우 노즐 청소를 충분히 하여야하고 교체 이전과 이후의 필라멘트 토출 온도를 고려해야 한다. 이는 노즐 내부에 이전에 출력하던 필라멘트가 남아있는 상태이므로 이 남아있는 필라멘트를 충분히 제거하지 않으면 남아 탄화하거나 노즐로 녹아나가지 않고 노즐을 막는 원인으로 작용하기 때문이다.

■ 필라멘트 교체시 주의할 점

• Loading의 온도는 교체 전후의 필라멘트 중 높은 온도로 하는 게 안전하다.

• 노즐 관리핀을 사용하여 노즐 내부에 남은 필라멘트를 밀어낸다.

• PLA나 TPU의 경우 녹은 필라멘트의 끈적임이 심하므로 교체 전 Loading시 좀 더 많은 양을 토출하여 청소한다.

• 필라멘트 교체 전후의 노즐 청소는 동일한 종류의 필라멘트에서 색상만 교환하거나 새로운 스풀을 적용하는 경우에도 진행하는 것이 좋다.

03 스풀에 더 이상 필라멘트가 없는 경우

출력 도중 스풀 내에 소재가 모두 소모되었을 때에 소재가 정상적으로 압출되지 않는 현상이 발생한다. 이처럼 스풀에 필라멘트가 존재하지 않아 출력 도중 압출이 되지않는 경우에는 소재가 충분한 스풀로 교체한다.

▣ 소재가 베드에 부착되지 않는 오류

01 노즐과 베드 사이의 간격이 문제인 경우

출력을 시작하게 되면 노즐에서 필라멘트가 베드 위에 토출되며 형상을 그리게 되는데 이때 노즐과 베드의 간격이 너무 가까울 경우 베드에 막혀 토출되지 못한 필라멘트가 Extruder 내부에서 꼬이거나 갈리게 된다. Auto Leveling 기능이 있는 장비는 노즐과 베드의 간격을 자동으로 조절하는데 기능에 문제가 발생하여 노즐과 베드의 간격이 너무 가깝게 되면 문제가 생길 수 있다. 이 경우에는 노즐 끝, 히팅 베드 표면등의 오염물을 제거해 대처한다.

02 베드에 문제가 있는 경우

표면이 손상되거나 표면 위에 이물질이 있는 경우에는 소재가 베드에 정상적으로 부착되지 않는 현상이 발생한다. 이 경우에는 베드의 이물질을 제거하여 대처한다. 또한 베드에 소재가 착 달라붙지 않는 성질을 가진 경우에는 출력 소재에 맞는 테이프를 베드위에 붙인 후 출력하는 것도 권장한다.

03 출력물과 베드 사이의 부착면적이 작은 경우

출력물의 전체적인 크기가 너무 작거나, 출력물 하단 부분의 면적이 작아 출력물과 베드 사이의 부착면이 작을 경우, 출력 도중에 베드에서 출력물이 떨어지거나 소재가 베드에 정상적으로 부착이 되지 않는 현상을 말한다. 이런 경우에

는 Brim, Raft, Skirt 등의 바닥보조물을 설정하여 대처한다. 또한 경우에 따라 출력물의 데이터를 회전등의 편집을 통해 부착면적을 넓게 해 주어 대처할 수 있다.

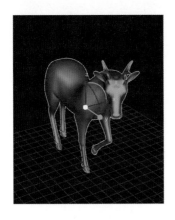
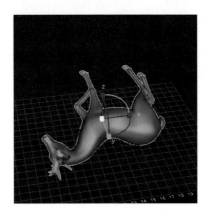

세워진 형태　　　　　　　　　　　　　　　누운 형태

04 모델 분리가 필요한 경우

출력모델이 상대적으로 크거나, 출력 모델의 바닥 면적이 넓은 경우, 모델의 높이가 높아 재료의 선택이 중요한 경우, 모델이 복잡한 경우에는 출력물이 베드에 잘 부착되어 있는 것처럼 보이나 시간이 지날수록 바닥이 말려 올라가게 되며 제대로 된 출력이 이루어지지 않게 된다. 또한 모델이 복잡한 경우 Support를 최소화할 필요가 있으며, 높이가 높은 경우에는 갈라짐을 없애야 할 경우에 출력물을 분할 출력하여 대처한다.

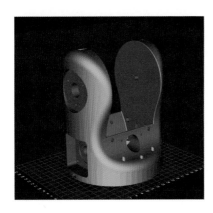
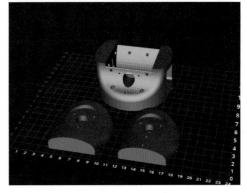

분할 출력

INDEX

3D Printer iv

3D모델링 iv

3D 프린터 운용사 004

3D 프린팅 004

3D 프린팅 기술 v, 005

4차 산업혁명 iii

A

AI 004

B

Big Data 004

C

CAD 소프트웨어 005

Circuits iv

Codeblock iv

Cubicreator 308

Cura 298

D

DLP 009

E

Enable Print Cooling 302

Experimental 318

F

FDM 006

FFF 009

G

G-Code 006

Generate Support 302

I

ICT 004

Infill 301, 313

IoT 004

M

Material 301

Mesh Fixes 317

O

OBJ 294

P

Plate Adhesion 316

Q

Quality 301

S

Shell 301

SLA 009

Slicer 007

Special Modes 317

Speed 301

STL 파일 007

SVG 벡터 294

SW교육 iii

SW융합교육 v

T

TinkerCAD	iv
Travel	302

V

VR	004

ㄱ

가상현실	004
객체 지향	228
고체	009

ㄴ

내부채움	301, 313
논리적 사고	iii

ㄷ

드론	004
디자인사고	iii

ㄹ

로봇	iv, 004

ㅁ

메쉬 수정	317
모델링	iv
문제해결능력	iii

ㅂ

바닥보조물	316
베드	320
분말	009
빅데이터	004

ㅅ

사물 인터넷	004
상상	iii
서포트 생성	302
소프트웨어	iii
속도	301
스케치	v
스크래치	228
슬라이서	005, 007
실험모드	318

ㅇ

아이디어	iii
압출기	010
액상	009
외곽	301
융합	004
융합교육	iii
이동	302
인공지능	iv, 004
인쇄	v

ㅈ

재료	v, 301
적용온도	010
적층제조	006
정보통신기술	004

ㅊ

창의 메이커스	007
창의성	iii

ㅋ

컴퓨팅 사고   iii

ㅌ

특수모드   317

ㅍ

품질   301

프로그래밍언어   iv

프린팅 냉각   302

필라멘트   318